朱自清的踪迹

西南联大日月长

陈武

著

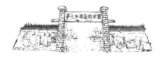

中国文史出版社

图书在版编目（ＣＩＰ）数据

西南联大日月长 / 陈武著 . -- 北京：中国文史出
版社，2022.9
（朱自清的踪迹）
ISBN 978-7-5205-3699-8

Ⅰ .①西… Ⅱ .①陈… Ⅲ .①朱自清（1898–1948）
—生平事迹 Ⅳ .① K825.46

中国版本图书馆 CIP 数据核字 (2022) 第 168683 号

责任编辑：金　硕　刘华夏

出版发行	中国文史出版社	
社　　址	北京市海淀区西八里庄路 69 号院　邮编 :100142	
电　　话	010-81136606 81136602　81136603 81136642（发行部）	
传　　真	010-81136655	
印　　装	阳谷毕升印务有限公司	
经　　销	全国新华书店	
开　　本	880×1230　1/32	
印　　张	7.5	
字　　数	140 千字	
版　　次	2023 年 3 月北京第 1 版	
印　　次	2023 年 3 月第 1 次印刷	
定　　价	58.00 元	

前　言

　　朱自清在《我是扬州人》一文里说："我家是从先祖才到江苏东海做小官。东海就是海州，现在是陇海路的终点。我就生在海州。四岁的时候先父又到邵伯镇做小官，将我们接到那里。海州的情形我全不记得了，只对海州话还有亲热感，因为父亲的扬州话里夹着不少海州口音。"

　　朱自清出生于 1898 年 11 月 22 日。曾祖父朱子擎原姓余，少年时因家庭发生变故而被绍兴同乡朱姓领养，遂由余子擎改名朱子擎。朱子擎成年后，和江苏涟水花园庄富户乔姓人家的女儿成婚，并定居于花园庄，儿子出生时，为纪念祖先而起名朱则余。朱则余就是朱自清的祖父，娶当地吴氏女生子朱鸿钧。朱则余在海州做承审官时，朱鸿钧一家随父亲在海州定居生活。在朱自清出生的第四年，即 1901 年，朱鸿钧到高邮邵伯镇（后归江都）做一名负责收盐税的小官，朱自清和母亲一起到邵伯生活。1903 年，朱则余从海州任上退休，朱鸿钧在扬州赁屋迎养，从此便定居扬州。1916 年秋，朱自清考入北京大学预科，一年后转读本科哲学系，并于 1920 年 5 月毕业。大学读书期间，朱自清受新思潮的启发和鼓舞，积极参加文学社团，从事文学创作，并全程参与以北京大学为中心的五四学生爱国运动。大学毕业后的五年时间里，他一直在江南各地从事中学教学和文学创作，结交了叶圣陶、俞平伯、郑振铎、丰子恺、朱光潜等好友，创作了大量的白话诗、散文和教学随笔，为开辟、发展新文学创作的道路，做出了可喜的成绩和贡献。1925 年暑假后，朱自清任清华大学教授，从此开始了一生服务于清华的道路。朱自清的学生季镇淮在纪念朱自清逝世三十周年座谈会上说："清华园确实是先生喜爱的胜地。新的环境安排了新的生活和工作。由于教学的需要，先生开展古代历史文化的研究，自汉字、汉语语法、经史子集、诗文评、小说、歌谣之类，以及外国历史文学，无所不读，无不涉猎研究，'注重新旧文学与中外文学的融合'，而比较集中于中国文学史、中国文学批评史的研究和当代文学评论。"

1937 年七七事变，是中国近代史上的一个转折点，也是朱自清生活的一个节点，随着清华大学的南迁，朱自清也一路迁徙，从长沙，到南岳，再到蒙自，再到昆明，一家人分居几处，生活的艰难可想而知。随着抗日战争的不断深入，国民党统治区的物价不断飞涨，朱自清家的生活也陷入了贫困，朱自清的身体健康日益恶化。但朱自清在写作、教学和研究中，依然一丝不苟，奋力拼搏，一篇篇散文和研究文章不断见诸报刊，一本本新书不断出版，表现了一个中国作家、学者的韧劲和自觉。

抗日战争胜利后，朱自清于1946年随着清华大学复员而回到北平，朱自清自觉地加入民主运动，在研究和写作中体现了正直的知识分子的立场，在贫病交加中，由一个坚定的爱国主义者，成为一个革命民主主义者，签名拒绝领取美国救济粮，朱自清在"美帝国主义和国民党反动派面前站了起来"，表现了有骨气的中国人的传统美德和英雄气概。

朱自清一生所处的时代，是近代中国人民觉醒的时代，也是中国社会发生巨大转折的时代，朱自清没有迷失自我，坚定自己的创作、研究和教学，培养了一大批正直的知识分子和社会建设人才，留下了数百万字的作品，成为中国文化的巨大财富。

作为同乡前辈，朱自清一直是我崇敬的偶像，同时我也很早就关注了他的作品。早在1996年，《朱自清全集》在江苏教育出版社出版的时候，我就买了一套，放在书橱最显眼又顺手的位置，随时可以取出来翻一翻、读一读，读他的文学作品、学术专著、语文随笔、旧体诗词，每一次都会有不一样的感受。记得在读叶圣陶的文章《朱佩弦先生》时，说到朱自清的作品，有这样的评论："他早期的散文如《匆匆》《荷塘月色》《桨声灯影里的秦淮河》都有点儿做作，太过于注重修辞，见得不怎么自然。到了写《欧游杂记》《伦敦杂记》的时候就不然了，全写口语，从口语中提取有效的表现方式，虽然有时候还带一点文言成分，但是念起来上口，有现代口语的韵味，叫人觉得那是现代人口里的话，不是不尴不尬的'白话文'。"读了这段话，我还特地把《匆匆》等三篇文章重读一遍，再对照着读《欧游杂记》《伦敦杂记》，认真领会了叶老的评论，真是受益匪浅。当我写作累了的时候，或偷懒、懈怠的时候，《朱自清全集》也仿佛会开口说话一样，用严肃的语言督促我，叫我偷懒不得。真正想对朱自清做点研究，是在 2000 年，当时我在一家报纸的文学副刊做编辑，对于副刊知识也了解了一些，知道许多文学大师当年的文章都是发表在各种文学副刊上的。于是便下功夫，搞了几个专栏，有特色的是"苍梧片影"等，也有整版的关于连云港名人或地方文化的专刊，几年之中，渐成规模，受到当地文坛的注意。在多年的文学编辑中，总是想着要写一写关于朱自清的文章，恰好文友刘成文先生也有这个意向，我们便合作了一篇，正是关于朱自清的。这篇文章的题目已经忘了，当时发了一个整版，还配了几幅图片。文章发表后，受到不少朋友的鼓励和好评，想再接再厉，多写几篇。于是更加留意朱自清的相关评论和回忆史料，和朱自清同时代作家的作品和年谱、评传也买了不少，揣摩那一代作家的人格魅力和作品风格。虽然后来没有继续研究，文章也没写几篇，但通过这样的工作，对朱自清又有了更多的了解，崇敬之情也加深了一层。

真正坐下来专心研究朱自清，写作关于朱自清的文章，还是在2013年下半年。我的所谓"研究"，实际上就是更多、更广泛的阅读，包括朱自清的原著，亲属的回忆文章，早年的自编文集和后来出版的各种版本的作品集，各种纪念集和他师友、学生写的种种纪念文章，同时也着手写点心得体会。由于我是半路出家，也摸不到研究的门径，所写的文章都是随笔性质的。断断续续近十年下来，所得文字已经不少。2018年还把其中的一部分出版了两三本小书。2022年春，中国文史出版社想把朱自清一生的人生经历和创作、研究经历全部呈现给广大读者，我又利用半年时间，把这些文字进行修订和补充，以"朱自清的踪迹"为线索，分为六个部分，即《从海州到北大》《奔波在江南》《清华园里尽朝晖》《游学欧罗巴》《西南联大日月长》《休假在成都》，单独成书。但由于本人水平有限，研究不深，不免会有各种错误，希望读者朋友不吝赐教。如有机会再版，一定补充完善。

需要说明的是，本书参考文献较多，引文中所引的朱自清的文字，均出自《朱自清全集》(江苏教育出版社 1988 年版陆续出齐)，对于朱自清文章中的一些异体字和假通字以及原标点等照原样予以保留，比如"象""底""勒""沈弱""气分""甚么""晕黄"等，特此说明。

2022 年 9 月 18 日于北京像素

目 录/CONTENTS

附　录

初到长沙

　　1937 年 9 月 22 日，朱自清冒着危险出京赴长沙，历经数十天的奔波，一路中转了六七次，终于于 10 月 4 日中午到达，随即住进了位于长沙小吴门外韭菜园 1 号的圣经书院（也有称"圣经学校"的，"书院"是沿袭古称）——国立长沙临时大学即设于此处，朱自清相当于正式报到了。

　　刚到长沙，朱自清就开始紧张地忙碌。

　　当天下午，朱自清丢下简单的行李，还没有消除旅途的疲劳，就拜访了校长梅贻琦、教务长潘光旦和秘书长沈履。三位校领导在简单地问询了途中的情况之后，就开始了解中文系的情况。朱自清亦把掌握的教师信息报告了他们。也是在这一天，长沙临时大学第五次党委会任命朱自清为长沙临大中文系教授会主席，相当于中文系主任。朱自清在清华的时候，有几次要辞去中文系主任一职，专心问学、著述。这一次的教授会主席之职，他却丝毫没有犹豫就受命了——谁都知道，国难当头，教育是抗战的一部分，唯有全力以赴，才能分解学校的负担，也是尽心尽职，为抗战做贡献。

1937年10月4日中午，朱自清在曲园设宴，招待叶公超和邵循正。邵循正是清华大学青年教师，1909年出生，1930年入清华大学研究院学习历史，所著硕士学位论文《中法越南关系始末》二十余万字，引起不小的反响。1934年赴欧洲留学，在法国巴黎法兰西学院东方语言学院从汉学家伯希和攻读蒙古史，学习古波斯文；次年转入德国柏林大学继续攻读蒙古史，1936年回国后，被聘为清华大学历史系讲师。这次也随校南迁，来到长沙临时大学历史系任专任讲师。叶公超是朱自清的老同事，高中和大学都是在美国读的，获美国麻省赫斯特大学学士学位，号称其英语比汉语的水平高，1924年获英国剑桥大学文学硕士学位。少年成名，浪漫潇洒，曾在上海参与创建《新月》杂志，1929年任清华大学外国文学系教授，和朱自清关系很好，北平沦陷时，朱自清还把长子朱迈先托请他带到扬州，然后去南京。梁实秋在叶公超去世的悼词中说："抗战军兴，公超与我相偕由平赴津，颇为狼狈，旋至南京，我又与公超、杨金甫几位奉命同登'岳阳丸'直开长沙待命。我与公超先是住青年会，后与樊逵羽等会合迁居韭菜园办事处，无所事

作为长沙临时大学校址时的湖南圣经学校旧影

事，苦闷非常。"从这段话中得知，朱自清此时和叶公超同住在韭菜园宿舍里。朱自清这时候请客，应该是感谢不久前托请他把朱迈先带到扬州，毕竟那是冒风险和担责任的事，另外也有工作上的交集。10月6日，汪一彪邀请朱自清去青年会吃锅贴、汤包和面条。朱自清在日记中用"美味"二字来赞美，看来是好久没吃好东西了。接下来几天的日记所记都和吃有关，10月7日日记曰："宴公超、心恒于曲园，菜不佳。"8日记曰："啖涝糟蛋。"9日日记曰："梅校长下午四时于麻园岭举行茶会，参加者六十余人，宣布文学院迁至南岳。"

同年10月11日，又访冯友兰，谈临大文学院迁址衡山事宜。由北大校长蒋梦麟、清华校长梅贻琦、南开校长张伯苓、湖南教育厅厅长朱经农、湖南大学校长皮宗石、教育部代表杨振声六人为筹备委员，指定三校校长为常务委员，杨振声为秘书主任，校址设长沙韭菜园1号原圣经书院旧址里。共有教师148人，职员108人，学生1452人（包括借读生218人，招收新生114人），合并为文、理、工、法商4个学院17个系。因韭菜园1号校舍不够，又将文学院迁到南岳圣经书院，对外称为长沙临时大学南岳分校。其中清华学生631人，教师73人，把文学院迁出圣经书院而到地处南岳山中的南岳圣经书院，是个不小的工程，这些都是要他这个中文系教授会主席操心的。

10月13日，朱自清访许杰和王力。许杰是浙江天台人，1921年入浙江省立第五师范读书，发起组织微光文学社，开始文学创作，发表不少新诗、小说和散文，在《小说月报》1924年第15卷第8号上发表中篇小说《惨雾》而引起文坛关注。1924年至1926年曾在宁波、上海任教，恰好朱自清这时候也在宁波白马湖畔春晖中学任教，二人可能就是在这时认识的。许杰在《朱佩弦先生的路》里，记述了这次见面："抗战初起那年，我从上海到了长沙，正巧佩弦先生也随着清华南迁，到了那里。那时，我多次到小吴门外的圣经学院去看他，接连碰面了好几次。"碰面好几次都谈些什么呢？许杰又在《坎坷道路上的足迹（十三）》里说："我同朱自清协商，问是否可以到这个临时大学教书，朱自清告诉我，目前只能以清华、北大、燕京

（应为南开）三校原有的教职员为主，不聘请校外人员。其时，中央戏剧学院的院长余上沅也到了长沙，准备在长沙复校，朱自清便介绍我去同余上沅联系。所以，由于朱自清的介绍，我同余上沅有过一面之交。"王力是朱自清的同事，早在1926年朱自清任教于清华大学时，王力就考入了清华大学国学研究院，师从赵元任；1927年赴法国巴黎大学留学；1931年，以论文《博白方音实验录》获法国文学博士学位；1932年回国，任教于清华大学；1936年写了《中国文法学初探》，倡导从汉语的现实中寻求语言规律。这次王力来长沙，一路上更为艰险，历经两个月才到达。

10月15日这天，朱自清在长沙偶遇了小说家茅盾。两位老朋友在战乱的后方偶遇，分外开心。茅盾是因子女要在长沙读书，特地护送而来。可能是因为韭菜园会聚了一大批文人、教授的缘故吧，才顺道来看望老朋友，故而和朱自清巧遇。朱自清大约和茅盾聊到了子女或沦陷区的留守人员，才勾起了他思乡的情绪，北京的一家，扬州的一家，想到他们处境的危险和生活的艰辛，所以才在本月20日，跟学校借款100元，给扬州的老家汇款80元以应急用。当天，又给北京的陈竹隐写信，关心北京的情形，简述在长沙的近况，还开列了一大堆关于陶渊明的诗和宋诗的相关书籍和材料，让陈竹隐寄给他，应该是他新学期在临时大学开课研究时所用。

10月22日晚上，朱自清日记曰："一多拍电报给我，要求今晚去火车站接他，我亲往迎接。"朱自清乘着夜色，赶到火车站接闻一多全家——还是在一周前，朱自清就致信校长梅贻琦，拟请闻一多暂缓休假。这回闻一多赶来了，老朋友相见，当然要热情接待了。当晚就谈工作，朱自清日记说："我们谈及课程，尽管向他陈述了困难，他还是不同意不开设语音课。"看来，闻一多要开语音这门课，而校方有困难。但闻一多不同意。这让朱自清很为难——闻一多是校方非常重视的教授，他的意见也很重要。特别这次又把已经决定休假的他请回来，就更要慎重考虑他的意见了。

清华大学有一个很好的传统，或者说是教授福利吧，即教授在学校服务满五年后，可以脱产休假一年。所谓休假，其实就是带薪研究——很多教授平时忙于教务，无法专心从事自己的学术研究，用一年时间，能完成自己一直想完成的研究项目。闻一多已经确定在1937年学年里休假。但是抗战爆发了，学校迫切需要用人，像闻一多这样能讲会讲、又受到学生欢迎的名教授，自然是清华的招牌。在这非常时期，也为了学校的利益，朱自清致信梅贻琦，特地请闻一多暂缓休假。而闻一多也从大局出发，同意校方的安排，披星戴月，带着一家人赶来长沙。安顿好闻一多，朱自清又紧张地开始备课，连续几天，都在读《现代诗论》《宋诗钞》等书，同时继续和闻一多商量课程。10月23日下午，朱自清和王了一又去找闻一多，可惜闻一多外出还没有回来。可能是根据闻一多的意见吧，朱自清在10月25日的日记中，有"修改课程表"的记录。

10月24日天气不错，临大中文系也初有眉目，分散在全国各地的教师也陆续就位，朱自清心情大好，便去岳麓山玩了玩。岳麓山的名气太大了，如今就身处岳麓山中，自然要好好领略一番。山中古树参天，百鸟齐鸣，朱自清感觉极好，还乘兴去看了黄兴墓和大禹碑。黄兴是辛亥革命的先驱，该墓坐落在岳麓山云麓峰北侧小月亮坪上方，爬上去要费不少力气。大禹碑也在那一带，在云麓峰左侧石壁，面东而立，为明代嘉定五年摹拓刻本，碑文九行，共77个字，字体形如蝌蚪，似篆非篆，难以辨认。朱自清看了这两处景点，也算是这一时期紧张工作之余的放松吧。

10月27日，王化成和浦薛凤来看朱自清。王化成是江苏丹徒人，出生于1903年，清华毕业后，留学美国明尼苏达大学，后又入芝加哥大学获政治学博士学位，回国即在清华任教。他和朱自清是朋友。1937年7月29日，朱自清接钱稻孙电话，得悉清华大学即将沦陷、情况危急之时，急访冯友兰，后又雇汽车返回清华大学察看形势，陪同朱自清同行的就有清华大学政治系教授王化成。浦薛凤是江苏常熟人，号逖生，出生于1900年，少时即能赋诗吟咏，朱自清日记里常有和逖生打桥牌和和诗的记录，当年在清华园读书时，他和闻一多是同学。浦薛凤的学历也有美国背景，是哈佛大学硕士、翰墨林大学法学博士，回国后在多所大学任教，后任清华大学政治系教授（参看《成都风貌——和诗浦薛凤》）。王化成、浦薛凤都和朱自清关系较好，虽然不在一个系，但毕竟既是同事，又是老乡，此时在即将开学之际来看看老朋友，叙叙旧，也是极好的一种消闲，还可增进友谊。

在即将开学前夕，朱自清还于10月29日辞去了两个兼职，一个是临大文学院院务委员会召集人，另一个是临大贷金委员会召集人。前者是10月28日才被推荐担任的，朱自清推荐了吴俊升继任，自己改任书记。而临大贷金委员会，主要是为学生服务的。国立长沙临时大学成立后，很多学生从全国四面八方赶来，有的从沦陷区来，历经艰难险阻，所带费用均已花光，成为赤贫。校方为了解决学生困难，成立了贷金委员会，向申请贷金的学生发放适度的生活费。朱自清因文学院要搬进南岳圣经书院分部，不能理职，只好辞去，并推荐了施嘉炀继任。

1937年11月1日，国立长沙临时大学正式开学。朱自清也随文学院搬到了南岳圣经书院分部，开始一段从未有过的新生活。而他刚到长沙就开展了一系列有效的工作，也为他后来事业的发展打下了基础。

南岳山中

南岳圣经书院分部的建筑群掩映在衡山险峻的半山腰上，四周环境很美，层峦叠翠，峡谷幽深，流泉飞瀑，作为风景绝佳之地，历代都吸引了许多文人墨客来读书问学，也吸引四面八方的游客到此一游，流连忘返。

南岳圣经书院分部，即南岳书院，也叫"邺侯书院"或"明道山房"，坐落在湖南衡山南岳的山岭上。唐邺侯李泌曾两度隐居南岳烟霞峰下，建"端居室"，只于其中读书问学而不问世事。韩愈有诗曰："邺侯家多书，架插三万轴……为人强记览，过眼不再读。伟哉群圣文，磊落载其腹。行年五十余，出守数已六。"其子李繁，任随州刺史，为纪念其父在南岳山中读书，建书院于南岳庙左，因此而得名。到了南宋开禧中期，书院开始收徒。据《续文献通考》卷五十说：当时"掌教有官，育士有田，略仿四书院之制"。到了宝庆年间，转运使张嗣可以其地"近市喧杂，地势湫隘"，将书院移建于集贤峰下，改名邺侯书院。又到元朝至大元年（1308），翰林院学士杨宗饬出任山长，更新为书院。至顺、至正年间，有当地士绅屡次重修扩建。后废。明朝万历年间，巡抚李天麟在烟霞峰李泌故宅遗址上，重建明道山房，以"仰邺侯之风"。后又废。到了清朝乾隆九年（1744），知县德贵再次在烟霞峰故址上建义学，仍沿旧称为邺侯书院。光绪十八年（1892），因其地偏僻，道路难行，李宗莲等人另外选择烟霞峰一侧的平整之地重建，称为"邺侯读书堂"。清末再废。现存建筑为1922年重建，归圣经书院所管，对外称分院，亦称圣经书院。谁都没有想到，这座具有千余年历史的旧式书院，在1937年初冬之季，迎来了一批新的客人，国立长沙临时大学文学院的几百名师生，相聚于此，成为书院的新主人，朱自清和他的同事们，与学生一起，在这里度过了难忘的三个多月。

朱自清是在1937年11月3日那天，和临时大学同事闻一多、陈梦家、叶公超、罗皑岚、柳无忌、金岳霖、冯友兰等教授二十多人，从长沙来到南岳衡山的。来自南开大学的柳无忌在日记中记述了那天的情景："冒着长沙秋天时有的蒙蒙细雨，于九点一刻开车，路上的风景不错，惟车行太快，惊弓之鸟的我不免悸悸。幸而一路平安，雨也渐止，天霁了。车在下摄司摆渡，经湘潭、衡山，在一点左右到达南岳市公路车站。在站旁中国旅行社招待所进行午餐，我们一行人就出发上文学院所在地圣经学院。在市内买手杖一支。步行，经南岳寺、图书馆、黄庭观、白龙潭，约一小时许而达圣经学院。……石阶三百四十四级，拾级而登，汗流气喘，乃抵临大文学院教员宿舍，即圣经学院西人教员住舍。为一小洋房，位在校址之巅，下望溪谷，仰视群山，四周尽是松树花草，堪称胜地。"柳无忌的描述够详细的了，但我们还可从冯友兰的描述中得到补充："这座校舍正在南岳衡山的脚下，背后靠着衡山，大门前也有一条从衡山流下来的小河。大雨之后，小河会变成一个小瀑布。地方很是清幽。在兵荒马乱之中，有这样一个地方可以读书，师生都很满意。"

朱自清因为是文学院院务委员会的召集人，又是临大中文系教授会主席，到了圣经书院，屁股还没坐稳，就开始了工作——主持分房。战时工作也简单，教员宿舍的房子有大间和小间，就采用抽签的办法。有的两人一间，有的一人一间。比如柳无忌就抽得一双人间，和罗皑岚同住在楼上201室，房间虽然不大，又朝北背阴，但风景极佳，柳无忌说："开窗一望，高山数头，松树千枝，亭亭直立，颇觉幽爽。"朱自清抽得一单人宿舍，这倒也符合他的个性。另外他毕竟是教授会主席，有很多系务工作需要他处理。所以这间屋不仅是他的宿舍，也兼做了办公场所。

　　安顿下来之后，因连日苦雨不断，朱自清和其他教授一样，躲在湿冷的房间里看书、写作、备课，偶尔串串门，和教授们议论一下天气，议论一下南岳山中的美景，更多的是议论时局，谈说那些从战火中赶来的、尚在路上的各地学生，语气中不免为他们担忧。对这一届学生的特殊处境深表同情。但毕竟还是有校舍了，虽然远离繁华的都市，虽然地处封闭的深山，终究不再因战火而奔波了，也不用在日伪的眼皮子底下受气了，为此他和教授们一样深感欣慰。那么家中妻小的情况还好吗？十多天前，汇往扬州的80块钱收到了吗？这些都是朱自清挂念的。由于无电，只能点着油灯照明。夜晚，在如豆的灯光下，朱自清矮小的身影映照在古老的墙壁上，他的剪影也是那么的坚毅、坚强。由于随身所带的书籍极少，他把更多的闲时用在对学术和教学课程的思考上。

　　离原定的11月18日正式上课还有些天，许多教授做了周到的准备之后，开始劳逸结合起来，有的顶风冒雨上山游览，更多的人待在室内不愿外出。朱自清大约也只在书院四周走了走，看了看。虽然天气寒冷，时有雨雾，四周的山景还是很有看头。从柳无忌的日记中，我们知道那几天的雨中文学院附近的山野风光，虽说不上美好，却很真实。节录如下：

十一月四日

午后大雾拨开，仍阴。饭毕，下石级散步，斜走一小径，约数十步，下眺山谷，心旷神怡。见斜坡上有一鲜红野花，未得攀摘之。树上正开白花，闻之不香，不知结何果实。野草树叶，少数已红，有将变红者。来日红叶满山，夹在青翠之松柏间，一定十分可爱。徘徊观望久之……

十一月五日

……山中赏雨，也是一件雅事，但是我总希望天晴，好出去走走。一天没有离屋子，怪闷的，弥漫的大雾，看不到远景，从窗中望出，只见浓重的雾气，盖上了远近的山头……有时雨大雾小，又有时无雨有雾，极尽变化的能事。山中打雷也与他处不同，不是霹雳一响，却连续的轰轰隆隆几声，有一种节奏，但乍听时有些害怕，仿佛天地末日快要来临了。

十一月六日

雨一夜未止。今日仍大风雨，可说最凄凉的一天。今晚——当我写此日记时——更是狂风骤雨交加，闹得窗户砰砰作声。我的房间朝西北，正好当风口，虽然关上玻璃窗，依旧风从缝入，吹得冷飕飕的；雨打窗，又从隙间钻进，近窗处满地皆水。房顶上有几处滴漏，真是不得了也。

十一月七日

昨晚狂风怒吼，一夜未止，山风可畏哉！今日天气奇冷，不时飘雨，晚上逆风又起，我已经将所有衣服尽穿身上，而犹不觉暖。未来的冬天不好过也。

从节录的柳无忌的日记中，知道了圣经书院连日不断的凄风苦雨，也知道了堪称中国文化精英的朱自清和临大教授们日常的生活。他们的坚守，他们的担当，他们在国难时所表现出的吃苦精神，无不让人动容。更何况，他们的伙食又很差。在柳无忌的日记里，常有"硬饭粗菜""食无鲜肉"这样的字眼，还说"湖南米饭硬得粒粒可数，吞之，不能细嚼……我有个念头：给我一包花生米，佳酒一壶，慢慢地饮，细细地嚼，必定美味不过"。

但天一放晴，这些大学教授又像孩子一样爬山游玩了。

11月9日这天，朱自清和闻一多、吴达元、杨业治同游南台寺、福严寺、上封寺、祝融峰、藏经殿等衡山胜迹。闻一多是朱自清朋友兼同事，吴、杨二位曾是朱自清学生，现在也是同事。四人一起上山，一起游玩古寺，观赏山景，必有不少共同话题吧。南台寺、福严寺都是名声很大的古寺，前者有"天下法源"之称，它建于南朝梁天监年间，是六朝古刹，原是海印和尚修行的处所，在寺院后左边的南山岩壁上，有一如台的大石。传说当年海印和尚常在这块石上坐禅念经，所以寺名"南台"。福严寺在历史上出现了如楚圆、保宗、慈感、文演等一代宗师。这两大古寺和祝圣、上封二寺并称"南岳四大名蓝"。朱自清一行四人，且走且看且聊，刚下过雨的山景、森林，在阳光下显得清新炫目，林更绿了，山更青了，山道旁不时有溪流瀑布挂在山崖，发出各种悦耳的声响，像一曲大型交响曲，身边的岩石上，更有水滴叮咚地落在石阶上，鸟鸣也从道旁林间欢快地响起，像是热烈欢迎远道而来的客人。当行走间再回首寻找圣经学院时，学院建筑居然完全被林木所掩了，费了老大的劲才看到宿舍的一个楼角。到福严寺里，但见寺里千年银杏古树傲然挺立，庙舍也十分威严，下望绿树红土，耕田如环，河水若带。朱自清等人在寺中徜徉一会儿，是否想起宋朝著名诗人杨万里的《崇德道中望福严寺》呢？朱自清、闻一多等都精通古典文学，大约早就熟悉这位诗人的赞咏吧："一径青松露，三门白水烟。殿横林外脊，塔漏隙中天。地旷迎先见，村移眺更妍。追程坐行役，不得泊春船。"据柳无忌日记中所记，此时的寺中聚集了不少来自全国各地的军人和学生。此外，在寺中不远处的一处平地上，柳无忌还看到有兵丁二十余人在操练，寺中还住有中山大学农学院的师生二十多人。朱自清一行四人还看到一种和谐的景象，这便是午饭时，一群军人、学生、僧人同坐一桌，这种融洽的气氛，也只有在国难来临时才会出现吧。

在去祝融峰的途中，朱自清一行还看了如狮子一样屹立的天然巨石，就是著名的狮子岩了。到了开云亭时，稍坐小憩，有题字曰："精诚所至，衡岳云开"，正好暗合了连续几天的阴风苦雨，此时正好阳光灿烂，他们便一路欢声上了上封寺，少不了又饱览了一番美景。

这次出游，共玩了两天，真是好长时间没有这么痛快地畅游了。

雨后的南岳名胜，朱自清算是走马观花过了，回来后，立即开展工作，首先给临大清华办事处去信，商谈俞平伯、闻一多、余冠英的休假及薪水诸事。按规定，俞平伯、余冠英和闻一多一样都应该休假。早在数天前，朱自清就把闻一多给请回来了，那么俞平伯和余冠英，学校也想请他俩回来，休假之事，以后再补。现在上课在即，关于他三人的诸多事情得向校方重新确认。关于朱自清和俞平伯的友谊，在《奔波在江南》和《清华园里尽朝晖》两书中多有谈及，这次朱自清南下，最惦记和关心的友人，还是俞平伯。早在1937年9月21日向俞平伯辞行后，朱自清在南下的路上，就一直不停地给俞平伯写信，到天津，到青岛，到长沙，都有信去，一直到1938年1月

24 日，朱自清给俞平伯写了好几封信。许玉蓉编纂的《俞平伯年谱》里，多次记录了俞平伯收到朱自清信的记录。如 1937年 10 月 29 日，收到 16 日寄自长沙临时大学的信。这是朱自清到长沙后，俞平伯收到的第一封朱自清的信，此信在路上走上十三天。俞平伯接信后，当天就回了信。11 月 19 日，收到朱自清 11 月 3 日寄自长沙的信，11 月 28 日，收到朱自清两封信，一封是朱自清写给俞平伯的信，另一封是朱自清写给临时大学关于俞平伯休假一年薪金待遇的信（抄件）。战时邮路真是不畅通，俞平伯 12 月 8 日才收到朱自清 10 月 29 日从长沙发来的信。1938 年 1 月 18 日、20 日两天，俞平伯收到朱自清分别于 1937 年 12 月 26 日和 11 日寄自南岳山中的信。先寄出的信后收到，这也说明邮路的艰难。从俞平伯的相关资料上看，朱、俞二人的频繁通信，一是因为俞平伯的休假事；二是朱自清的夫人孩子还在北京，朱家的一些物品寄存在俞家；三是俞平伯的两个女儿此时正在临大读书。1 月 6 日，俞平伯写信给浦薛凤，托其照顾已从济南齐鲁大学转入临大读书的两个女儿，并寄七律一首："泽中鸿雁几辛酸，久寄长安菽水难。少日谁知堪北房，屏居今喜尚南冠。原来绯绿逢场戏，只在青黄反手间。岂必虫沙偿故劫，清霜不媚谢庭兰。"2 月 6 日中午，俞平伯在宴请朋友时，又向其了解西南临时大学的情况，关心那里的许多朋友。8 日下午，和夫人一起专程去看望朱自清夫人陈竹隐及其子女，表达了拳拳牵挂之心。

之所以不厌其烦地列举朱自清给俞平伯写信，是说明朱自清在南岳圣经书院的临大文学院一直是繁忙的，不仅给朋友写信，家书也不会少的。柳无忌在《南岳日记》中，就有多次给爱人、父母写信的记录。朱自清也是凡人，何况他的家人还分别居住在北京和扬州呢。家书断然是少不了的，也会有寄怀诗。1937 年 12 月 17 日日记云：

> 写一绝句给竹：
> 　　勒住群山一径分，乍行幽谷忽干云。
> 　　刚肠也学青峰样，百折千回只忆君。

1937 年 11 月 21 日拜访了汪敬熙夫妇。在《奔波在江南》里，对汪敬熙有这样的介绍：汪敬熙"是五四时期新潮社的成员之一，在《新潮》杂志上发表过小说和白话诗，出版有短篇小说集《雪夜》，曾得到过鲁迅的欣赏和肯定，他比朱自清早一年从北京大学经济系毕业，由于品学兼优，和罗家伦、段锡朋、康白情、周炳琳等五人一起，被蔡元培、胡适等人选送到国外留学，汪敬熙去了美国霍普金斯大学医学院学习生理心理学和神经生物学，获博士学位，回国后，1924 年被河南中州大学聘为心理学教授兼教育系主任。1926 年辞去教职，重返美国从事学术研究"。1934 年任中央研究院心理研究所所长。全面抗战开始后，汪敬熙和中央研究院各研究所都疏散到大后方，他带着心理学研究所的同人也经过湖南长沙，来到南岳。朱自清得悉后，才去找这位当年"新潮"的战友叙旧。这次见面不久之后，汪敬熙和心理学研究所又南下广西阳朔了。

紧张的忙碌中，朱自清还不忘学术研究创作，从 11 月 23 日开始，利用手边有限的资料，历时 5 天，于 28 日完成了论文《〈文选序〉"事出于沉思，义归乎翰藻"说》。这篇论文被选入"北京大学文学研究所油印论文之九"，有了更多的读者，也是朱自清在古典文学研究方面一篇重要的成果。

就在忙忙碌碌中，临大文学院正式开学了。本学期朱自清开设的课是"宋诗"和"陶渊明"。

苦中作乐

闻一多在《八年的回忆与感想》中，对于南岳圣经书院的那段经历有这样的描写："记得教授们每天晚上吃完饭，大家聚在一间房子里，一边吃着茶，抽着烟，一边看着报纸，研究着地图，谈论着战事和各种问题，有时一个同事新从北方来到，大家更是兴奋地听他的逃难的故事和沿途的消息。……南岳是个偏僻地方，报纸要两三天以后才能看到。世界注意不到我们，我们也就渐渐不大注意世界了，于是在有规则性的上课与逛山的日程中，大家的生活又慢慢安顿下来。"柳无忌在1937年11月28日日记中写道："晚同炳之（罗廷光）去仲济处，阅报及听广播消息。山居如世外桃源，报来不易，有客自长沙来，乃群集询问之。返舍去佩弦师（朱自清）室，诸人又来打听我们听到的消息。闲谈至九时半。"

是的，大学虽然冠以"临时"，朱自清和其他师生一样，是准备做长期打算的。课余之际，他们在校园附近的山道上漫步，去山上的各个名胜景点游览。无论是漫步还是游览，都不忘探讨学术。他们把认真读书研究、掌握本领、精诚团结、报效祖国，当成自觉的行为了。朱自清也开始了他的研究和写作，除前文说到的费时五天写成的《〈文选序〉"事出于沉思，义归乎翰藻"说》。朱自清后来又写了散文《出北平记》，写了泰恩·萨凯《在昨日之前》的书评和《日本语的欧化——谷崎润一郎〈文章读本〉提要》《日本语的面目》等。又写了陈子展《近三十年中国文学史》的书评。可惜，在如此艰难的条件下，这些文章除少数几篇留下外，其余都散佚了。

教授们生活清苦，除闲时逛山为乐，作打油诗也是一乐。北大副教授容肇祖就发挥了自己的才干，作打油诗数首，把住在南岳圣经书院宿舍的许多老师的名字都嵌进了诗里，挺有趣味：

冯阑雅趣竟如何（冯友兰）

闻一由来未见多（闻一多）

性缓佩弦犹可急（朱佩弦）

愿公超上莫蹉跎（叶公超）

鼎沈洛水是耶非 (沈有鼎)

秉璧犹能完莹归 (郑秉璧)

养士三千江上浦 (浦江清)

无忌何时破赵围 (柳无忌)

从容先著祖生鞭 (容肇祖)

未达元希扫虏烟 (吴达元)

晓梦醒来身在楚 (孙晓梦)

皑岚依旧听鸣泉 (罗皑岚)

久旱苍生望岳霖 (金岳霖)

谁能济世与寿民 (刘寿民)

汉家重见王业治 (杨业治)

堂前燕子亦卜孙 (燕卜孙)(此绝冯芝生作)

卜得先甲与先庚 (周先庚)

大家有喜报俊升 (吴俊升)

功在朝廷光史册 (罗廷光)

停云千古留大名 (停云楼,我们的宿舍)

　　打油诗不仅体现了教授们的才情,也是他们苦中作乐的一种消闲吧。

说到苦中作乐，冯友兰在他的自述里也有透露，说："有一次在饭厅吃饭，菜太咸，有人说，太咸也有好处，可以防止人多吃菜。闻一多随口用汉儒解经的套子说：'咸者，闲也，所以防闲人之多吃也。'"闻一多还兴致很高地作一首诗，云："惟有哲学最诡恢，金公眼罩郑公杯。吟诗马二评红袖，占卜冗三用纸枚。"冯友兰解释说："这是为了嘲戏哲学系的人而作的。哲学系的金岳霖眼睛怕光，经常戴一副眼罩。郑昕喜欢喝酒。第二句是指他两人说的。当时吴宓有一首诗，其中有'相携红袖非春意'之句，我认为不很得体，第三句就是指此而言。第四句是说沈（冗三）有鼎，他正在研究周易占卦的方法，用纸枚代替蓍草。"闻一多性情爽朗，菜咸他都有心情调侃，对于打油诗，他就更是在行了。关于吴宓的"红袖"诗，还有尾声，冯友兰继续写道："我们住的那座楼旁边有棵蜡梅。那时蜡梅正开，站在楼上栏杆旁边，恰好与蜡梅相齐。有一天闻一多同我又说起吴宓的那一句'红袖'诗，他随口说出了一句诗：'每饭不忘红袖句'，我随口应了一句：'凭栏唯见蜡梅花'。"原来，教授们的闲谈话题也是那么的文艺。

郑昕在《怀念佩弦先生》一文中也记述了那一时期临大文学院和朱自清的事，摘要如下：

没有人手头有够用的书，学校也还未来得及替我们预备一个图书室，好在每人只教两样功课，每周上课四五小时。除上课外，大家集体的"上""下"，"上"是上山：半山亭，南天门，上封寺，方广寺，藏经殿，虎跑泉等，有时在寺中留宿，看日落日出；"下"是到山脚下的小镇买买日用必需品，或在小馆子里吃湖南腊肉就白酒。上山下市，都少不了佩弦。我当时对于他的印象是坦白、诚恳、短小精悍的人。他爬山饮酒，都能尽兴，从来不肯示弱。我的履平地，登高山，习惯上是越走越快，在这批中年人的队伍里，我荣任了行路冠军。在有一次爬上封寺的途中，佩弦和我边走边谈，从来他说话都有些急促，快到山顶时他才松一口气说"我走不过你"！我才知道他想赶过我。他爱饮酒，酒量并不太大，大约白酒四五两之间吧。他从不少喝过四五两，也没有一次别人举杯他不举杯的。酒微酣时，谨慎便盖不住他的豪爽；然而他从不失态。在这几十个同事和几百个同学的集体生活群中，他好像始终负着"主委"一类的责任，因为他细致、和蔼、勇于任事而且具有一颗公平的心。

　　文中所记的朱自清，写他爬山、喝酒，可谓是活灵活现了。那时候南岳圣经书院的教授们，爬山都是成群结队的。有一次，即 1937 年 12 月 11 日至 13 日，朱自清和文学院同人再游上封寺、方广寺、黑龙潭瀑布等衡山名胜时，同行的有吴宓、浦江清、周先庚、陈梦家、吴俊升、赵萝蕤夫妇，就连来访的潘伯鹰都被邀请在列了。潘伯鹰熟读经史子集，作诗、写小说、绘画、书法样样精通，而性格更是孤傲狂狷，很有个性，所著小说《人海微澜》发表在当年的天津《大公报》时，风靡一时，另还创作有小说《隐刑》《强魂》《雅莹》等，旧诗曾深得诗词大家吴宓的欣赏，被吴宓采之收入其专著《空轩诗话》里。潘伯鹰不但文艺才能过人，还善于社会活动，在文艺界有一定的名声。但是，1931 年不知怎么得罪了国民党当局，被捕入狱。幸亏文名在外，得到爱才的章士钊等名人的大力营救才得脱险。全面抗战爆发后，他也来到后方长沙、南岳，顺访了南岳圣经书院的各位文化名人。朱自清等教授要爬山观光，这才顺便邀他同游，并在山上的寺庙里住了两晚。可以想象一下，这帮才子们上山，同宿同吃，该会有怎样的热闹呢？

但是这样相对安稳的日子并未过多久，日军就来轰炸了。

柳无忌在 1937 年 12 月 22 日日记中写道："今日校中规定空袭警报规定。九时三刻在戏剧班上课，忽闻机声轧轧甚近。教室外学生走动甚多，听讲者面呈不安色。告以如愿者，可以自由离室，但无人出去。"12 月 27 日日记："读现代诗。不久忽锣声大作，警报来了。皑岚自午睡中跳出床来，共下室趋避。时已下午四时半，不信敌机会来。"又说："大家都有一印象，以为临大命运即告终。"

南岳显然不是久留之地，但又会迁往何处呢？有人说会迁到长沙，还有人说会迁到桂林。朱自清在1937年12月23日日记中说："本校将迁往桂林之消息传开后，学生们情绪低落。"

朱自清和临大的同事们就在这样不安的环境和气氛中，迎来了1938年元旦，文学院师生也搞了个简短的联欢会。吴宓在1937年12月31日日记中写道："晚，在图书馆，即宓等居室之楼下，开分校师生新年同乐会。沿长案列座，进简朴之糕点，以祝昔在北平清华，真可谓流离中之欢聚也。有冯、钱诸公讲演；有自前线工作归来的学生报告；有各种谐谈；有涂文、李㖟、傅幼侠之唱京戏，浦江清、李有鼎之唱昆曲。又有奏乐器者。"朱自清在这种场合从来都是低调小心的，但他都乐于参与。在联欢会结束以后，他还兴致很高地和浦江清、柳无忌、陈雪屏一起打了三局桥牌至午夜。

1938年1月1日，即头一天元旦晚会的余音刚过，朱自清就和钱穆、容肇祖、浦江清同游邺侯书院、观河林等衡山名胜。这天的朱自清日记云："与钱、元、贺、浦几位同游邺侯书院及观河林，云海甚壮观。"1月2日日记云："……与浦赋诗，描写昨日之旅游。"1月3日日记云："写成纪游诗如下：元日南岳观河林纪游联句。"诗曰：

积阴忽放晴，元日风物美。（佩）

晓发读书堂，曳杖青山趾。（江）

修坂知几盘，滑滑泥沾屐。（佩）

浮云瀚前峰，霏雾失远市。（江）

望中半山亭，一径烟霞指。（佩）

直上到寥廓，崖壑旷瞻视。（江）

路曲紫竹林，茅屋才盈咫，

拥彗支离疏，对客但阿唯。（佩）

邺侯书院高，石阑聊徙倚，

当年三万轴，名山馨兰芷。

想见济物功，得力在书史，

如何乡人愚，中龛杂神祀。（江）

问讯观河林，豁然在眼底，

羊肠宛转通，步步生荆杞。（佩）

同行六七人，呼啸隔遐迩。

水田开阡陌，（江）照影明镜比。（佩）

分脉散清泉，（江）涓涓随杖履。（佩）

庵前列翠竹，庵后森杉枳，

开窗眺山云，晴光忽在几。

老尼年八十，款客陈果簋。（江）

各剖新橙黄，共嗟风栗旨。

更将火钵来，湿袜干可喜。(佩)

尼言家湘潭，剃度忘岁纪。

入山五十载，有徒多先死。

非关修养勤，菩萨赐福祉。(江)

出门不见人，拾级下山嘴。

四顾唯一白，满谷云弥弥。

群飞三月絮，狂涌百川水。

浮沉若轻鸥，浩荡云海里。(佩)

危磴积黄叶，曲涧孕碧蘦。

朱实不知名，野花方吐蕊。(江)

高下穷幽奇，日脚映山绮。

蓦然得官道，一往如平砥。

……

　　朱自清和浦江清游山、联诗之后不久，即 1938 年 4 月，朱自清日记云："大学拍来电报，谓迁往云南计划已定，我们应在此待命。"这回又真的能定下来吗？

　　生活还要继续。1938 年 1 月 9 日，朱自清又约同事们游衡山广济寺，在当天的日记中说："游广济寺。途中有长石板路，行走甚难。见树挂，颇壮观。广济寺处林海中。游黄帝岩，见

'寿岳'字样石刻，刻岩下活埋者事记，甚别致。"接下来朱自清又开始写作了。除了丢失的《在昨日之前》《近三十年中国文学史》等外，还有《语文影》里的几篇文章也写于这一时期。原本以为这样的教写生涯会坚持一段时间，没想到，随着南京沦陷，日寇的铁蹄已伸向大半个中国，南岳也响起了警报声，就连这样艰苦环境下的教读生涯也不能安稳了。

1938年1月13日，容元胎集王阳明诗句成一诗。这又是一个只有在如此特殊的环境中才会有的创造。朱自清在当天的日记中抄录了这首诗：

故园日与青春远（卷十九，《清平卫即事》），

风景依稀过眼生（卷二十，《又用日仁韵》）。

烽火正防胡骑入（卷二十，《狮子山》），

江流不尽楚天清（卷二十，《又次陈维濬韵》）。

枉劳诗句裁风雅（卷二十，《病中大司马乔公有诗见怀次韵》），

只把游山作课程（卷二十，《龙蟠山中用韵》）。

长拟归耕犹未得（卷二十，《喜雨》），

却惭尘土逐虚名（卷二十，《再至阳明别洞和邢太守韵》）。

这也太有才了，这首集句，居然天衣无缝。

到了1938年1月20日，传闻成真，临大决定将学校迁

往昆明。24日，朱自清接到二弟朱物华的信，决定与校共赴云南。

临大在南岳的任务也算完成了，冯友兰说："我们在南岳底时间，虽不过三个多月，但是我觉得在这个短时期，中国的大学教育，有了最高的表现。那个文学院的学术空气，我敢说比三校的任何时期都浓厚。教授学生真是打成一片。有个北大同学说，在南岳一个月所学底比在北平一个学期还多。"确实是这样。在国难面前，大家突然都成熟了，学生肯学，教师一门心思展开工作，朱自清一连写了几篇论文，汤用彤一头扎进佛学里，写出一本《中国佛教史》，闻一多摆开一案子的书，考订《周易》。但，大家也情感丰沛，学术气氛非常浓厚之时，一想到时局，又顿觉得凄然，随之又更加用功下力了。

在除夕之夜，朱自清出席了师生聚餐会。酒席上，朱自清朗诵了冯友兰写的两首诗，之一云："二贤祠里拜朱张，一会千秋嘉会堂。公所可游南岳耳，江山半壁太凄凉。"之二云："洛阳文物一尘灰，汴水繁华又草莱。非只怀公伤往迹，亲知南渡事堪哀。"朱自清面色严峻，眼含泪花，声音低沉颤抖，一字一字地慢慢地把字音拉长。大家都被朱自清的情绪感染了，立刻沉浸在哀伤里，许多人流下了凄怆的泪水。临大精英荟萃，人才济济，朱自清和其他教授一样，入不敷出，生活非常艰苦。在这种情境中，大家都能同舟共济，同甘共苦，以民族文化的继承、弘扬为使命，教学、著述从未间断，从不戚戚于贫贱，也不汲汲于富贵，有着超脱玄远的思想境界，也时刻关心国家大事。但是，当大家即将再度做千里迁移时，又怎么能不伤心感怀呢？

与柳无忌的交谊

　　1938 年 1 月 20 日，长沙临时大学常委会议决定学校迁往昆明。其实早在几天前，教授们就得到学校要南迁的确切消息了。柳无忌在 1938 年 1 月 17 日日记中云："今日有消息：临大迁昆明已经做最后决定。据云于下月初即开始搬校，学生步行经贵阳去滇，教授可自由行动，定于三月十五日在昆集会。一切与我的计划相合。现在我预备先去长沙，转港返沪，再自沪偕鸿及小孩（她快将近四个月了）去昆。"接下来的几天，因考试结束，柳无忌都在整理行装。1 月 21 日午后，柳无忌整理好自己简单的行李，雇来轿子及挑夫，准备离校。朱自清和浦江清赶来送行。三人站立宿舍门前，心情沉重。昨晚下了一场雪，又连着下起雨来。雪停雨止，天气阴寒，冷气透骨，朱自清、浦江清和柳无忌相对无语，心里却有万千感慨，虽然不久后又会在南国相聚，可路途遥遥，烽火连天，谁又能知道前路如何呢？

　　柳无忌是朱自清的学生，他的父亲是大名鼎鼎的南社诗圣柳亚子。柳无忌从小就显露出过人的语言天赋，随父亲见过许多南社名人，耳濡目染过他们的谈说风采，具有名士遗风。后来在上海圣约翰学校读书，英文成绩尤其了得，17岁时就能将拜伦的《哀希腊》一诗译成中文。1925年柳无忌进入清华大学读书。朱自清当时也刚入清华，给旧学制的学生讲李杜诗，柳无忌正是这个班上的学生。可能受家学影响，柳无忌特别喜欢中国古典诗词，对李杜诗更是情有独钟，朱自清讲得卖力，学生也学得认真，一学期下来，柳无忌居然交了一篇两万多字的关于李杜的论文给朱自清。朱自清看了，大为吃惊，也大为赞赏，从此师生彼此留下了极好的印象。柳无忌曾回忆说："1925年夏天，悲惨地回到黎里（吴江县一小镇）家里，对于前途一点也没有把握的我，已是十八岁了。幸而在清华学校教书的二舅父郑桐荪，为我设法从后门（不经过考试）送进清华园，在那里度过了两年最愉快的学生生活。"柳无忌毕业后，赴美留学，先后在美国劳伦斯大学、耶鲁大学读书，又到英国伦敦大学攻读西洋文学，回国后，执教于南开大学，教授英美文学。在长沙临时大学短短的岁月中，和朱自清等相处得极好，经常出游、交谈、打桥牌，如今突然就要分别了，怎么

柳无忌

能不依依难舍？

　　柳无忌在 1938 年 1 月 21 日日记中写到了那天的离别场景，
"佩弦师及江清送至校门口。文学院星散，离校者已有一半以
上，日来在此甚凄凉，今则我自己也走了，剩下孤零零的几个
人。回首二月前此间人才云集之盛况，不觉凄然"。又感叹说，
"别矣南岳！景色太好，颇恋恋不舍"。朱自清和浦江清心情也
不好受，目送柳无忌一行消失在山道上。

　　朱自清和柳无忌除了此前的师生之情、此后的同事之谊，
还有一段在异国相遇的神奇经历。那要从 1931 年暑假后说起，

清华大学有个规定，即在学校服务满五年后，可资费出国考察研究，朱自清取得资格后，于1931年8月22日从北京出发，取道东北黑龙江，从苏联过境，历经劳顿，于9月8日下午抵达伦敦。

据说人生有几大幸事，"他乡遇故知"便是其中之一。

朱自清只身一人在伦敦大学听课，学习语言和英国文学，正准备按部就班施行自己的计划时，没承想在校园外遇到了他的学生柳无忌！朱自清在日记里写道："上午在查林路口忽遇柳无忌君，大喜。"这一天是1931年10月10日，是朱自清在伦敦大学听课的第二天，真是世界之大无巧不有。

柳无忌是1927年在清华毕业后公费赴美国的，在获得美国劳伦斯大学学士学位后，随即转入耶鲁大学研究院攻读英国文学。1931年，柳无忌以论文《英国浪漫主义诗人雪莱》获得美国耶鲁大学文学博士学位，旋即赴欧洲进修，主要任务是搜集藏在英、法、德等国图书馆中的中国旧小说。就是在英国进修、工作期间，和朱自清邂逅于伦敦街头。多年后，柳无忌也在回忆文章中写道："抵伦敦还不到几天，住在不列颠博物院附近一家小公寓内，有一下午在街上溜达，忽然迎面来了一个比我更矮的东方人；再走近一看，是个中国人的相貌。我们大家停步，面对面相互谛视，觉得有点面熟。就这样，我无意地遇到了在清华大学教我李白、杜甫那门功课的朱自清老师。他比我大不了几岁，我又是他的一个好学生，在异域相遇，有一番亲切的感觉。"

朱自清和柳无忌在伦敦僻静的马路上邂逅几天之后，二人就一起参加了留英学会的一个活动，此后，二人交往便密切起来。1931 年 10 月 22 日下午，朱自清和柳无忌一起观看了话剧《轰动一时》，11 月 5 日，和柳无忌参加诗集书店所办的读诗会，听英语诗朗诵。17 日两人一起赴格尔斯登格林剧院看歌剧《船夫们》。朱自清的英文水平自然不能和柳无忌相提并论，两人参加各种活动时，对于生僻或怪异的词汇，朱自清想必也会请教柳无忌。柳无忌在《与朱自清同寓伦敦》里说："我正在寻找可以安身的住处，与他的计划不约而同。最好不过的，如能找到一个地方，我们可以同住，比较热闹，有照应。朱自清的英文会话有困难，我毕竟在美国已住了四年；对于我们，伦敦虽同为异地，我却以老马识途自居了。"有了口语能力出众的柳无忌常常相伴，二人相处也更加投机了。19 日晚上，二人又赴基尔德会堂所办的读诗会，听约翰·高尔斯华绥朗诵自己的作品。朱自清在日记里说："这个朗诵会是为了支持非洲动物保护协会而举办的。高尔斯华绥先生的声音非常清晰，节奏分明，他朗读自己写的小说和剧本的片段，并且按照不同的内容而变换声调。最后，他朗诵了自己手稿中的几首诗。"诗人喜欢朗诵，我是早就知道的，我身边的一些诗人，无论名头多大或多小，都喜欢在酒桌上或诗会上朗诵自己或别人的诗，而且都是情感百分之百地投入。但朗读小说我听的不多，只有一次，是2014年春天，《小说选刊》举行"茅台杯"的颁奖仪式，会上请了几个善于朗诵的年轻编辑和小说家朗诵获奖作家的小说，听了居然也很有感觉。原来小说也是适合朗读的，而且听起来别有情味。朱自清能够在那个年代听高尔斯华绥朗读他自己的小说，想必更有新鲜之感吧。不过这次朗诵会还有一个小插曲，朱自清在日记中有详细记述：当高尔斯华绥"朗读完他的剧作《正义》中一个法官的一段话时，从剧场楼厅上传来了一个人的声音。我听不懂他的意思，但相信他是在提抗议。这是一个老头儿，他好几次向高尔斯华绥先生挑战，但没有成功。听众阻止他大声说话。那老头的嗓门越高，听众们就越是向他进行牵制性的示威。高尔斯华绥先生只在他开始起哄时回答了他第一句问话，后来就静静地听他说话。过了一会儿，高尔斯华绥先生向听众问道：'你们愿意听完这个朗诵吗？'听众们答以雷鸣般的掌声和跺脚"。到这里，朱自清和听众一样，对这个提问者也心存不满。但当朱自清"在门口遇见那个古怪的老人"时，发现"他是一个穷工人"，便立即"改变了看法，重新评价他的挑战"。在这次欧游中，朱自清日记中有多次记载参加诗会的内容。在朱自清回国后的两个多月的1932年10月14日，朱自清出席清华中国文学会迎新大会做演讲时说："英国的读诗会，本人曾听过几个，一次，是在一条小胡同内，找了半天才找到，是一间诗集店，主人，主妇，都会作诗。每到一定时间，有一个读诗会，有一人宣读。票价六角。有一次是店主太太宣读，听众都是女子，只有本人和另一男子，躲在后边，不敢出头。其余两次，都是很大的读诗会。可见在英国，很常见。"朱自清在这里提供的一个信息尤为重要，即"票价六角"——人家是收费的，交了钱，你才可入门，才能欣赏到诗。我不是诗人，但也参加过几次中国式的诗会，我想如果采用收费制，虽然很多人一时会不适应，但相信也会有很多人理解并支持的。

朱自清和柳无忌相遇不久，他们就在伦敦北郊芬乞来路找到了一处理想的房子。柳无忌在《与朱自清同寓伦敦》里介绍道：这"是一家老式的房子。当年它应是十分漂亮、阔绰的，可是现在却与主人同样的命运。当我们按铃时，一个爱尔兰女佣人把我们接进去，跟着房东太太与她的女儿也出来，与我们交谈。她们温文有礼，说有两间房，愿意租与东方人。这样，我们就在'维多利亚时代的上流妇人'，希布斯太太家中住下了"。在两人挑选房间时，朱自清虽然有清华大学的津贴，但月费不一定比柳无忌多，加上还要接济国内的家用，就挑了一间侧房，而把一间大的正房让给了柳无忌。二人住进之后，和房东一家相处很好，柳无忌继续说："我们每天与希太太及小姐同进早餐与晚饭。这是英国租房的惯例，与美国不同；除午饭外，房客餐宿于寄寓的家中，与房东太太保持相当友谊。在这方面，朱自清与我做到了。"

朱自清有了稳定的住处，心也定了下来，开始执行自己的计划，除了听课外，就是到处参观、看戏、逛书店、听音乐。每天早上，他和柳无忌从房东家出门，步行不远就是芬乞来路上的公交车站，两人一同等车，一同进城，乘车并不拥挤，乘客也都彬彬有礼。到了不列颠博物院附近，与柳无忌分手，各奔各的目的地。

秋冬季的伦敦，雾很重，在街头常有伸手不见五指的感觉。街头的公共汽车也有意思，除驾驶员外，还得有一个帮忙的人，姑且叫"辅驾"吧，即协助驾驶员开车的意思。辅驾在马路上高举一个火炬，引导汽车慢慢吞吞地向前行驶。平常十分钟的路，雾重时要走几十分钟。即使到了市中心，灯火通明了，也还有阴暗的感觉。朱自清就是在这样的天气中开始了一天的工作。

忙了一天后，朱自清回来就开始工作，躲在自己的小房间里，不是创作就是写信、记日记，或者看书。柳无忌回来时，每次看他都在伏案工作。所以除了吃饭时间，二人很少在各自的住处交谈。不过对于他们共同的房东，朱自清和柳无忌都有好印象。朱自清还专门写过一篇《房东太太》，把房东太太这位

"维多利亚时代"的刻板而守旧的老妇人的性格描写得淋漓尽致。不过房东太太还是善良的普通人，她家的饭菜也不坏，对朱柳二人都还尊重、客气。朱自清在《圣诞节》里有一段和她家一起过圣诞节的描述："圣诞节的晚上，在朋友的房东太太家里。照例该吃火鸡，酸梅布丁；那位房东太太手头颇窘，却还卖了几件旧家具，买了一只二十二磅重的大火鸡来过节。可惜女仆不小心，烤枯了一点儿；老太太自个儿唠叨了几句，大节下，也就算了。可是火鸡味道也并不怎样特别似的。吃饭时候，大家一面扔纸球，一面扯花炮——两个人扯，有时只响一下，有时还夹着小纸片儿，多半是带着'爱'字儿的吉语。饭后做游戏，有音乐椅子（椅子数目比人少一个；乐声止时，众人抢着坐），掩目吹蜡烛，抓瞎，抢人（分队），抢气球等，大家居然一团孩子气。最后还有跳舞。"只是，朱自清把房东太太称着"在朋友的房东太太家里"，让我疑心不是朱自清的希太太的家里。但是从他的日记和文章《房东太太》及柳无忌的文章中判断，又确实是在希太太家里过的圣诞节。柳无忌也喜欢这位房东太太，说她"对房客的膳食从不吝惜……因此我们住得好，吃得好，而使朱自清更高兴的是他有听讲英文的机会。……那位房东小姐（她高出我们两个头）平时很静默，我们两个东方人更不大讲话，所以饭桌上只有老太太滔滔不绝地谈天说地，把他们家中的一些故事都搬了出来。小姐有时补充一两句，我们偶尔也参加一些赞许的话，表示听得津津有味。那时候，希布斯太太高兴了"。

朱自清也会和柳无忌一起去郊外游玩。他们去过一个叫Hampstead的旷野散步。"那不是一个整齐的用人工布置的公园，只是一片浩漫、没有边际、灌木丛深的原野，望出去有旷然无涯的感觉，好似置身在大自然的怀抱中。"（柳无忌《与朱自清同寓伦敦》）这里有很多游客，而且还有许多现代诗人和作家也住在这里，比如散文家约翰逊博士、戏剧家高尔斯华绥等，朱自清能在这样的旷野上呼吸新鲜空气，和伦敦的当地人共同游览郊外风光，必定也是心旷神怡的。

1932年1月7日，朱自清还和柳无忌二人一同去吉尔福特大街18号访问林语堂。林语堂特别开心，跟两位中国作家介绍他的中文打字机的设计。这位早早就出名的文章家，大概对于书写的效率很不满意吧，又累又慢，书写往往跟不上思维。见过世面的林语堂，从英文打字机上找到了灵感，或给了他启发，居然花不少时间琢磨起中文打字机来，而且其原理还靠谱。面对两位比他年轻的书写者（作家），他大大地卖弄了一回。不久之后，林语堂又请朱自清到新粤酒家吃了一回。

在欧洲近一年的时间里，朱自清不仅和巧遇的柳无忌成为好邻居，还常常遇到别的朋友，比如和文字学家唐兰一起去英国国家美术馆参观，专程到米尔斯旅馆看望住在这里的李健吾等，后来在德国柏林的一个茶话会上还见到蒋复璁夫妇并认识了冯至。冯至还请朱自清吃了一顿家宴，1932 年 6 月 19 日，朱自清和蒋复璁、冯至还一起去游览了无忧宫。更有趣的是，朱自清在临回国那段时间的游览中，居然又有几次邂逅柳无忌夫妇的经历。其间，有两次还一起游玩了一通，一次是在瑞士的少妇峰（处女峰），一次是在意大利那不勒斯。朱自清的散文《滂卑故城》，写的就是那次的游踪。

他乡遇故知，给朱自清的异国游学和旅行带来了许多惊喜，也给他带来便利和亲切，是这次游学、考察的意外收获。

柳无忌回国后，去了南开大学任教。因为战时的长沙"临大"，二人才在 1937 年底和 1938 年初再次相聚，虽然情境更为特别，却在教学、交往和出游中，结下了更为深厚的情谊。四十年后，柳无忌身在美国，在《与朱自清同寓伦敦》中深情地说："我与朱自清先生在湖南南岳的长沙临时大学文学院及云南昆明的西南联合大学，一起教书，由师生、伴侣，成为同事。在昆明时，我们大家有家眷，跑警报，对付生活，无暇作交际来往。抗战结束，我偕家人来美。二年后，哀伤地听到一代文人、名教授朱自清在北平逝世的噩耗。"

南下道中

　　1938年2月16日，长沙临时大学的师生分三路，一路是由大部分学生编成队伍，组成湘黔滇旅行团，步行赶往昆明，还计划途中做些调查研究，身体好的教授愿意而且能够步行的也和学生大队一起出发。性格豪迈的闻一多就是随着"旅行团"向大后方挺进的。另一路师生由粤汉铁路乘火车到广州经香港、越南入滇。而朱自清和冯友兰、陈岱孙、汤用彤、钱穆等十余名教授走的是另一条道，乘汽车从南岳动身赶往昆明。1938年2月17日，经过一天多的旅行，于中午时分到达桂林，简单浏览了市容之后，便入住下来。

　　在接下来的几天中，朱自清和冯友兰等人游览了桂林著名的风景名胜，七星岩、月牙山、珠洞、木龙洞、风洞山等，还一连几天游览了漓江山水。朱自清在1938年2月18日日记中

湘黔滇旅行团

说："见到'平蛮三将碑'，及'元祐党人碑'。七星岩之岩洞不如上方山。导游以韵文作说明，称为仰山，亦赶行情之意也。"在21日日记中说："十二时半乘船去阳朔。我们得三艘平底船，我乘较大的一艘。船行很慢，景色不错。下午七时在龙门抛锚，是一小村庄。村民正在举行仪式，他们唱着，敲着鼓，从庙内抬出一木制龙头。那歌声，在我听来很悲伤。鼓声伴着歌声敲得很响。拖拽船只上水之纤夫与船上的全体人员在同大自然搏斗时悲哀地呼喊。那喊叫和姿态很刺激我们的感觉。"这是朱自清记得较为详细的日记，可见村民的奠祀场景给他留下深刻的印象。晚上住在宾馆，和冯友兰等人听留声机唱片，闲聊的话题也是很多，还讨论家庭和婚姻，度过了极其丰富的一天。22日继续在漓江游览，更是痛快尽兴，日记说，"竟日在舟中。风景愈行愈美，岸上奇山如屏风。朝过大墟，晚宿羊皮村"。大约是玩得太过尽兴了吧，朱自清这天破了点小财，不小心把眼镜丢了。夜里还做了一个噩梦，在梦中几乎死去。也可能是这两天确实玩累了。23日继续行船，日记说，"船在画山边经过。大墟与兴坪间很美"，"晚抵阳朔。这城市像瑞士山区休养地。这儿的山是整体的，而非桂林那样到处分散"。24日这天，天气继续晴好，桂林那边的汽车开过来了，教授们又立即出发，因为风景再好，毕竟不是他们的目的地，他们的使命十分明确，到昆明建立西南联大。又是一路疾行，于当日晚上到达柳州。柳州也是美丽的城市，他们还不顾舟车劳顿，趁夜参观柳州的旧城。第二天即25日，更是早早就来到柳州著名的名胜立鱼峰参观游览。

立鱼峰在柳江南岸，"平地崛起，突兀耸秀"，峰不高，仅68米，海拔也不过156米，却闻名天下。此峰得到过唐代大文学家柳宗元的称赞，喟"山小而高，其形如立鱼"，故得名立鱼峰，也叫石鱼山。山上树木高大葱茏，浓荫匝地，亭台楼阁穿插其间，十分妥帖精巧。半山腰上有崖刻"柳江砥柱"四个大字。山中还遍布洞穴，还有清凉洞、玉洞、盘古洞、纯阳洞、阴风洞、蚤斯洞、三姐岩七个岩洞彼此贯通，习称"灵通七窍"。明代大旅行家徐霞客曾来一游，盛称诸洞景奇："是山透腹环转，中空外达，八面玲珑，即桂林诸洞所不多见也。"洞里的历代摩崖石刻更是目不暇接。朱自清一行在桂林的漓江玩了水，在行船上看了如画的山，又在柳州爬了立鱼峰，和同事好友对历代摩崖石刻指指点点，或高声辨读，或默默揣想，又在峰顶上看柳江岸边的古城，心情大好的同时，又格外沉重，山河毕竟已经破碎，堂堂一群中国最高级知识分子，却是在流离中游览祖国的大好河山。看了立鱼峰后，朱自清一行在大塘吃了午饭，又于晚上赶到了南宁，住在大升旅馆。或许是人多事多的缘由吧，也或许是长时间寂寞的旅行，同行的教授们之间发生了一点小小的语言上的摩擦，不过朱自清在日记中用"甚无谓"一笔带过。

连续的长途奔波中顺带的参观游览，触发了朱自清的诗情和灵感，河山虽然美丽，战局却不很乐观，一路思之想之，于1938年2月25日到了南宁后，成诗一首："招携南渡乱烽催，碌碌湘衡小住才。谁分漓江清浅水，征人又照鬓丝来。"最后一句，化用的是陆游《沈园》诗里的"伤心桥下春波绿，曾似惊鸿照影来"之句。相同的境遇，朱自清的诗，比起陈寅恪、吴宓的诗来，或许多些无奈而少了些悲愤，甚至有"小住才"的新典故。此典出自陈岱孙，陈曾告诉朱自清一联语，曰："小住为佳，得小住且小住；如何是好，愿如何便如何。"这是说南岳三个月的小住经历。但此典用在这里，似乎并不严谨。与朱自清他们走不同的道路而抵达云南的吴宓，在《大劫一首》里，同样关于"南渡"，就流露出更为深切的悲观情绪："绮梦空时大动临，西迁南渡共浮沉。魂依京阙烟尘黯，愁对潇湘雾雨深。入郢焚麇仍苦战，碎瓯焦土费筹吟。惟祁更始全邦梦，万众安危在帝心。"再说陈寅恪，到了云南蒙自后，心情不佳。蒙自有一个叫南湖的小湖，湖中有岛，曰松岛。西南联大蒙自分校的师生常来散步。有一天，傍晚时分了，陈寅恪与吴宓在南湖散步，欣赏湖里的荷花，忽听见桥旁的酒楼里有划拳、碰杯声，不禁悲从中来，吟道："景物居然似旧京，荷花海子忆升平。桥边鬓影还明灭，楼外笙歌杂醉醒。南渡自应思往事，北归端恐待来生。黄河难塞黄金尽，日暮人间几万程。"吴、陈二人的诗都是到了目的地之后的感怀，和此时尚在途中的朱自清心情颇不一样。事实上，朱自清在这首诗之后，复杂的情感被催生，思想高度活跃，又成诗数首，名曰《漓江绝句》：

　　龟行蜗步百丈长，蒲伏压篙黄头郎。

　　上滩哀响动山谷，不是猿声也断肠。（上水船）

　　九折屏风水一方，绝不依傍上穹苍。

妃黔俪日荆关笔，点染烟云独擅场。(画山)

皮鼓蓬蓬彻九幽，百夫争扛木龙头。

齐心高唱祈年曲，自听劳歌自送愁。(龙门夜泊观赛神)

"不是猿声也断肠"之句，也是化用古人《巴东三峡歌》："巴东三峡巫峡长，猿鸣三声泪沾裳。巴东三峡猿鸣悲，猿鸣三声泪沾衣。"明人何景明也有《竹枝词》："青枫江上孤舟客，不听猿啼亦断肠。"南渡中的朱自清，在疲乏中写下诗作，并非一时诗兴大发，而是这几天游览中的有感而发，以写景带出个人情思，和后来的陈寅恪、吴宓在蒙自的诗终是合上了拍。

1938年2月26日继续驱车南行，晚上抵达龙州。到了龙州，就算边陲了。稍事休息后，第二天，朱自清和冯友兰一起到有关部门办理护照，下午游览了龙元洞。等到3月2日，一行人乘车向河内进发。在赴越南途中，还经历了一场小劫难，同行的冯友兰在通过凭祥县一处小拱门时，胳膊碰墙骨折。抵达河内后，朱自清奔走联系，送冯友兰入院治疗。1938年3月3日这天，朱自清等人还抽空去看了河内的路易士博物馆。4日，朱自清赴火车站送别了同行的各位教授，自己和陈岱孙留了下来，照顾住院的冯友兰，三个名教授在河内医院又相处了八九天，于 3 月 12 日经越南的河内乘滇越火车，于 1938 年 3 月 14 日抵达目的地昆明，入住拓东路迤西会馆。至此，朱自清这一路南下人员，历经近一个月艰难，终于到达，而步行南下的、人数更为庞大的教授、学生大军，还跋涉在路上。

昆明的春天

·

　　朱自清和去年10月刚到长沙时一样，1938年3月14日到达昆明的当天晚上，就开始紧张地忙碌。

　　先是赴黄子卿的邀请晚宴——黄子卿和朱自清是清华大学的同事，广东梅县人，1921年清华毕业后去美国留学，曾先后获得威斯康星大学、康奈尔大学、麻省理工学院学士、硕士、博士学位，学成回国后，任清华大学化学系教授。去年暑假期间，政府决定成立国立长沙临时大学时，和朱自清一起商量过如何出城、南下长沙的线路并在天津会合后，结伴到了长沙临大。这次同甘苦共患难的经历，更加深了两个人的友谊。先到昆明的黄子卿，设宴为朱自清接风洗尘，让朱自清更加感受到了友情的温暖。饭后，朱自清又去看望妹妹和妹夫周禽庭一家。朱自清的妹妹朱玉华，小时候曾随朱自清一家在浙江宁波白马湖畔的春晖中学住过一段时间并上学读书，后来，朱自清又送妹妹到南京读书。周翕庭在民国政府任职，抗战爆发后，他们一家也来到了昆明。从去年在武汉巧遇二弟朱国华后，这是他在战乱游离的途中见到的第二个亲人。

1938年3月15日这天，朱自清更是忙碌，先是访梁思成、林徽因夫妇。此时，梁、林二人正在全国各地测绘和拍摄大量的古建筑遗物，并对这些古建筑进行考察研究，写成文章在国外发表，引起国际上对中国古代建筑的重视，后来，梁思成编写《中国建筑史》，这些考察成果都成为他写作的重要资料。朱自清得悉他们也在昆明，特来拜访。后又见大学同窗好友徐绍谷；再后是赴云南大学，访云大校长熊庆来以及好友王化成。熊庆来出生于1893年，比朱自清大几岁，1911年考入云南省外文专修班学习法语，后来公费考取比利时留学，再后又去法国格伦诺布尔等大学学习数学和物理，1920年获马赛大学物理硕士学位回国，先在云南等地任教，1926年，清华大学请他创办算术系，和朱自清成为同事。1932年至1934年，熊庆来再度赴欧洲留学，获法国国家理科博士学位后回国，继续任教于清华。这一年，他的论文《关于无穷级整函数与亚纯函数》发表，所定义的"无穷级函数"，被国际上称为"熊氏无穷数"。1937年熊庆来任云南大学校长。朱自清刚到昆明，就拜访这位科学家，一来是对熊庆来的尊重，二来也是了解一下云南的各方面情况吧。朱自清毕竟是第一次来昆明，对这里的政治环境、学术环境和生活环境都很陌生，和这位云南籍的老同事闲谈，也便于以后的工作和生活的适应。当天还访问了张奚若和萧乾。萧乾曾主编天津《大公报》的《文艺副刊》，发表过朱自清的文章。隔了两天，即本年3月17日这天，在上午参观了云南民俗博物馆之后，赴玉龙堆18号访郑昕。又访李长之、施蛰存、王赣愚。此时的施蛰存已经是很有名望的教授和作家了，还主编过大型文学刊物《现代》，鲁迅曾写文章专门评论过他，全面抗日战争爆发后，他随上海一批作家学者也来到了昆明，不久后，任教于云南大学。王赣愚是福建福州人，1906年出生，也是清华毕业生，1929年赴美国哈佛大学研究院学习，获硕士和博士学位，1935年回国后任教于南开大学政治系，在天津《益世报》上发表社论和专论。是朱自清在长沙临时大学时的同事。在长沙临时大学决定搬迁到云南昆明时，他作为先行人员，提前来到了云南昆明。刚到昆明的王赣愚，就和熊庆来取得了联系，商量校址事宜，城里、乡下、会馆、祠堂、旧学校，到处跑，搞调查研究，还多次和熊庆来一起去拜访云南当局的各方面负责人，干劲十足。同时，王赣愚在昆明翠湖东路24号的住处，一时成为西南联大的"联络处"，也成为教师和学生转信的"邮政所"。在"先行官"王赣愚的多方协调下，前后经过三四个月的努力，终于选定了校址。也可能是王赣愚在工作中的精神让同是清华校友的熊庆来看在眼里，在"先行官"工作结束后不久，他就被聘到云南大学做教授了。朱自清来看望过这位长沙临时大学搬迁云南的"先行官"之后，又去看了唐继尧墓。一天之中，朱自清最先去参观民俗博物馆，在看望那么多同事和朋友之后，以瞻仰唐继尧墓结束，其行动的快速和敏捷非一般人能比，正如叶圣陶在《与佩弦》一文中所描绘的那样，说朱自清"行步急，仿佛有无量的事务在前头"，一副"永远的旅人的颜色"。也正如朱自清在长诗《毁灭》中所说的："……我不再仰眼看青天，不再低头看白水，只谨慎着我双双的脚步；我要一步步踏在泥土里，打上深深的脚印！"在初到昆明的几天中，除了上述友朋，还先后拜访周培源、吴景超、董同龢、罗庸等文化名人。

朱自清喜欢游览，既然到了昆明，学校还没有开学，就得抓紧时间看看昆明的风景名胜和古迹遗址，圆通公园就在市区，朱自清就于1938年3月18日这天，游览了圆通山，欣赏了樱花和海棠花。本月20日，又和陈岱孙、浦江清等乘船游览了西山、华林寺、太华山、三清阁等名胜景点。23日再游金殿、黑龙潭。29日和金岳霖、萧叔玉等人骑马游览了筇竹寺、海源寺和灵源别墅，真是游兴不减。昆明的春天实在是好啊——本来就是四季如春的"春城"，加上正值3月中下旬，正是昆明一年中最美的季节，朱自清等西南联大的同事们，大都

西南联大

是第一次来昆明，自然对昆明的美景早就心向往之了，正好可以利用开学前的机会，看看玩玩，放松一下神经，恢复一下元气，迎接即将到来的新学期。

就在朱自清流连于昆明的景点和拜访亲友时，中华全国文艺界抗敌协会于1938年3月27日在武汉成立，该协会的"旨趣"是："我们应该把分散的各个战友的力量，团结起来，像前线将士用他们的枪一样，用我们的笔，来发动群众，捍卫祖国，粉碎寇敌，争取胜利。"朱自清和郭沫若、茅盾、冯乃超、叶圣陶、郑振铎、老舍、巴金、郁达夫、丁玲、胡风、田汉、沈从文、朱光潜、曹聚仁、许地山等45人当选为理事。理事会推选老舍为总务部主任，主持文协日常工作。后来还出版会刊《抗战文艺》，朱自清、茅盾、叶圣陶、郑振铎、丰子恺、老舍等33人当选为编委会委员。同年3月28日，朱自清还应邀到云南大学，为女生们做"新语言"的演讲。

1938年4月2日，奉教育部电令，国立长沙临时大学改组为国立西南联合大学，联大内部保留清华、北大、南开三校建制。4月4日，因联大校舍还没有建好，联大文学院迁至蒙自。

关于《蒙自杂记》

冯友兰在自述里说："胡适已经出任中国驻美大使了，联合大学的文学院院长由我担任。当时昆明的校舍不敷分配，又把文学院分设在蒙自。蒙自原来是中国和越南通商的一个重要城市，那里设有海关。后来滇越铁路通车了，蒙自失去了原来的重要性，海关也迁走了。海关衙门空着，联大文学院就设在海关衙门里面。我又从昆明转蒙自，文学院的师生大部分也都到了。那座海关衙门久不住人，杂草丛生，好像一座废园，其中蛇类很多。有一位同事，晚上看见墙上有条大裂缝，拿灯一照，原来是一条大蟒倒挂下来。"

1938 年 4 月 5 日，朱自清来到蒙自。联大文学院租借了蒙自海关和东方汇理银行。刚来时，朱自清连日奔忙，安排校舍及教师住所。他自己也住在海关院内的一个小平房里，"面积约十平方米。房间里面放着一张床铺、一张方桌、一张小书桌、一张竹书架、一张藤椅和几张凳子，但已摆得满满的了。迎面几扇窗户，室外是一个大院子，由于南国的自然条件，庭中枝藤丛绕，但也夹杂有许多叫不出名字的自生自长的鲜花，可供推窗欣赏"（李为扬著《和朱自清先生过从的回忆》）。

4月19日，西南联大常委会决议，由樊际昌、陈岱孙和朱自清，负责蒙自分校校务委员会教授会代表的推选工作。

朱自清在海关住的时间不长，可能是缘于冯友兰所说的屋里常有蟒蛇光顾吧，20日就搬到东方汇理银行307室了。在这里，朱自清写作了《什么是宋诗的精华——评遗石老人（陈衍）评点〈宋诗精华录〉》。"宋诗"也是朱自清新学期要开的课（因为学校迁移，新学期要到5月2日才开学），对于遗石老人评点的《宋诗精华录》，做了分析和评点，为以后上课做准备。

朱自清初到南国，自然被美景所吸引，在昆明就和陈岱孙、浦江清等游览了西山、华宁寺、太华山、三清阁等。游览时，各景点游人不少，特别是见到一个带着孩子的年轻妇女，状似夫人陈竹隐和女儿思俞，思亲之情油然而生。到蒙自以后，依然游兴不减，4月7日游了南湖、三山、军山。15日，从火车站接完学生后，又应历史学家雷海宗邀请游三山公园。说起南湖，还有一个小插曲，当时的联大学生王曰叟在散文《南湖盛

1938 年，任扶善摄歌胪士洋行楼

事》里说："……学生宿舍则男生住在歌胪士洋行，女生住在城
内士绅周伯斋先生的公馆。海关（校区）和洋行都在城外，两
处相距约 200 米，有一条农村的石板街相连。而在另一侧有一
片洼地，足有二十来亩大小，听当地人说叫南湖。大家心想这
不是坑吗，怎么叫湖？哪知一个初夏夜晚，大雨倾盆，第二天
起来看时，宿舍前面虽非碧波万顷，却是汪洋一片……自此以
后每天晚饭后，大家必都绕湖散步。"看来这南湖的"湖"也
是季节性的。不过在当时，作为联大的师生在这里散步的风
景，还是很有情致的。王曰叟在散文里又说："看吧，这边过

来的戴着礼帽、西装笔挺的是朱自清。那边一袭长袍、额下一把胡子、慢慢走来的是冯友兰。个子不高、拿着手杖、很快走来的是汤用彤。夹着个布包、慢慢挨过来的又是陈寅恪。而当时最为许多学生艳羡的，是一对青年教授夫妇：男的风度翩翩，不愧是位诗人，女的更是身材修长、仪态娴雅，饶具东方之美，那便是陈梦家和他的夫人赵萝蕤。"文章中所说的南湖，也是陈寅恪感怀过的。他和吴宓交谊最多，吴住在城里，上完课后，二人常常一起散步，南湖边便是他们常来之地。

朱自清当时在学生心目中的地位是颇高的。在同事眼中，朱自清依然不改脾气，研读、教学之余，和朋友闲谈、聚餐。郑昕说："蒙自是个小城，海关和南湖是城外的风景区，课余仍有游观之乐与饮酒清谈的机会。蒙自开远一带出的是'杂果酒'，我们刚到时还能喝到三五年的陈酒，随着需要的增加，市上只能买到甜而不香的新酒，间或从本地士绅处能得到十年以上的陈酒。佩弦和我照例是携着得来的酒，一次饮完，大约是一斤上下吧。起初的话题是上下古今，不着边际的乱谈，后来渐渐论到各人自己，佩弦最能说干脆话：'我们中人之资的人，全靠勤勉，才能多少有些成就。''世界上人分两种，一种最不容易满足，一种最容易满足，我是属于后一类的。'我们共饮的机会，一月至少有一次，也有一星期多到两三次的。"

初到蒙自，朱自清的各种活动不少，4月22日，赴十里铺，参观少数民族村落。4月25日，中国农民银行（日记中误记成中国农业银行）开业，行长徐绍谷请他参加开幕式，作贺诗一首。这是一首四言诗，在朱自清的诗中极为少见，其中有"维我中华，以农立国，圣人垂训，首曰足食"之句。4月27日，和西南联大同人兴致很高地游览了辅家庄苗寨。5月2日还观看了苗族舞蹈。演讲也有，5月4日那天，朱自清和张佛泉、罗常培等，在蒙自分校学生纪念五四集会上讲演，朱自清讲了当年他参加运动时的许多趣闻轶事，朱自清在日记中说，"听众不断有笑声"。5月8日赴礼堂出席清华建校二十七周年校庆纪念会，听梅贻琦、浦薛风讲演。5月10日，被推举为蒙自分校文、法两院战区学生救济及寒苦学生贷金委员会委员。该委员会委员还有樊继昌、陈岱孙、叶公超、闻一多等人，是专门审核申请贷金的困难学生的机构。朱自清还担任了蒙自分校学生生活指导委员会委员、分校图书委员会委员。5月13日下午，出席蒙自分校校务委员会会议，当选为书记。

5月20日这天，联大蒙自分校中文系和外文系组织南湖诗社，朱自清和闻一多应邀担任导师。诗社成员有向长青、刘兆吉、查良铮（穆旦）、赵瑞蕻等二十多人，赵瑞蕻说："朱先生总是认真地看我们诗社交给他的稿子，提出意见；还同我们亲热地在一起讨论新诗创作与诗歌研究等问题。"（《梅雨潭的新绿——怀念朱自清先生》）朱自清一直支持学生热爱新文艺，这样的例子能举出很多，就说一年多后，他因病辞去了中文系主任，一次新主任罗常培在茶话会上，发现新生刘北汜在调查表里填的是"爱读新文艺作品，讨厌旧文学"。罗主任很不满，不点名批评了刘北汜，说中国文学系就是研读古文的系，爱新文艺的不要读中国文学系！朱自清和杨振声一起反对罗常培。朱自清激动地说："我们不能认为学生爱好新文艺是要不得的事。我认为这是好现象，我们应该指导学生向学习白话文的路上走。这应是中文系的主要道路。研读古文只不过便利学生发掘古代文化遗产，不能当作中文系唯一的目标！"当时不少大学都重古轻今，西南联大也不例外。社会上广为流传的一个段子是，西南联大刘文典在一次跑警报时，看到前边步履蹒跚的陈寅恪，正想紧赶两步上前搀扶，突然看到年轻些的沈从文从后边赶了上来。刘文典顿时火起，冲着沈从文大嚷："我跑是为了保存国粹，为学生讲《庄子》；学生跑是为了保存文化火种，可你这个该死的，跟着跑什么跑啊！"据说还有一次，学校当局要给沈从文晋升，刘文典听说后勃然大怒，对众人大叫道："在西南联大，陈寅恪才是真正的教授，他该拿400块钱，我该拿40块钱，朱自清该拿4块钱，可我不会给沈从文4毛钱！如果沈从文都是教授，那我是什么？"这两个段子有好几个版本，但大致意思差不多。可见新文学作家在这些老派教授心里的地位了。但是朱自清始终不这么认为，他一直支持学生热爱新文艺，无论当年在杭州的浙江一师，还是北京的清华园，他担任过各类文学社团的顾问。所以当蒙自分校热爱诗歌的学生向长清、刘兆吉、查良铮、赵瑞蕻、刘绶松等学生成立南湖诗社并请他任导师时，他和闻一多都欣然接受。当年的诗社社员刘兆吉在回忆文章中说："文法学院迁到蒙自。一天，我和向长清商量如何实现旅途中成立诗社的计划。我们一起拜访了闻一多先生，同时想到朱自清教授也在蒙自分校，因而也请他为指导教师。两位教授欣然同意。我俩立即分头邀请同学加入诗社。因为在南岳时，曾多次出壁报，对于爱好写诗的人，已经心中有数。很快就组织了二十多人的诗社，并同意命名为南湖诗社。因为诗刊没有经费，同学们多来自沦陷区，经济困难，出刊形式只好因陋就简，采用壁报的形式。投稿人把诗写在稿纸上，然后交给向长清或我。……诗刊共出四期，形式虽然很简陋，但从内容分析，的确有许多好诗，有些诗篇达到了发表的水平。我们选了一部分给闻、朱两位指导教师过目，他俩也称赞是好诗。……有指导教师参加的诗刊全体社员座谈会，只开过两次。在我模糊的印象里，似乎谈及新诗的前途、动向问题，也谈到新诗旧诗对比问题，对新旧诗问题有过争论。……绝大部分诗社成员的意见，连闻、朱两位指导教师在内，都主张南湖诗社以研究新诗、写新诗为主要方向。"（刘兆吉《闻一

多朱自清指导的南湖诗社始末》)

有了稳定的生活环境，朱自清又开始手不释卷、著书写文了。在蒙自短短的几个月里，朱自清主要的工作就是编制《大学中国文学系科目草案》。这个工作不轻松，朱自清在编制中，常与罗常培一起商量。此《草案》的编制，是受教育部的委托，朱自清担任中国文学部分，罗常培担任中国语文部分。5月16日下午，和罗常培讨论了这一课程草案，后又数次和罗常培讨论此事。朱自清在《部颁大学中国文学系科目表商榷》一文中说："二十七年，承教育部委托撰拟《大学中国文学系科目草案》，我就和罗莘田（常培）先生一起商量，拟成了一份，送到了部里。"叶圣陶在《嘉沪通信》中说："最近教育部专家拟订大学课程草案，中国文学方面出佩弦手笔，中国语文方面则属于罗常培君。佩弦扩大文学史之内容，将周、秦经子与宋、元词曲归入现代语言文字学科，并注重文法、修辞。此亦至寻常之见解，而印刷品分发于各大学，讥之者纷起。一般人盖以为往日办法已属至善，偶或更张，即为外行。其实循旧日课程，学生用功即成学究，荒惰即一无所得，求其继往而开来，未可得也。"看来顽固的势力一旦形成，要想改变，要撞破多大的阻力啊。但是，事实证明，朱自清的改革是符合当时的大学中文系办学方向的，直至现在，这种体例也基本沿用。

7月7日这天，是抗战一周年，蒙自分校举行了纪念活动，朱自清出席活动并听了冯友兰的演讲。

　　朱自清在蒙自时间不长，学期结束后，蒙自分校撤回昆明，朱自清也回到昆明，联系住房，8月4日再次返回蒙自，并于第二天出席蒙自分校校务委员会会议，接替樊继昌担任分校校务委员会代理主席一职，负责分校的结束工作。

　　短暂的蒙自分校结束了，这段岁月却一直留在朱自清的心中。一年以后，朱自清写了一篇《蒙自杂记》散文，记叙了这段不寻常的人生驿站，文章平实、细致，采用作者喜欢的口语体，写了蒙自真实的街市和市民的趣事，挺有趣味，摘抄几段如下：

　　　　蒙自小得好，人少得好。看惯了大城的人，见了蒙自的城圈儿会觉得像玩具似的，正像坐惯了普通火车的人，乍踏上个碧石小火车，会觉得像玩具似的一样。但是住下来，就渐渐觉得有意思。城里只有一条大街，不消几趟就走熟了。书店，文具店，点心店，电筒店，差不多闭了眼可以找到门儿。城外的名胜去处，南湖，湖里的崧岛，军山，三山公园，一下午便可走遍，怪省力的。不论城里城外，在路上走，有时候会看不见一个人。整个儿天地仿佛是自己的；自我扩展到无穷远，无穷大。这叫我想起了台州和白马湖，在那两处住的时候，也有这种静味。

大街上有一家卖糖粥的，带着卖煎粑粑。桌子凳子乃至碗匙等都很干净，又便宜，我们联大师生照顾的特别多。掌柜是个四川人，姓雷，白发苍苍的。他脸上常挂着微笑，却并不是巴结顾客的样儿。他爱点古玩什么的，每张桌子上，竹器瓷器占着一半儿；糖粥和粑粑便摆在这些桌子上吃。他家里还藏着些"精品"，高兴的时候，会特地去拿来请顾客赏玩一番。老头儿有个老伴儿，带一个伙计，就这么活着，倒也自得其乐。我们管这个铺子叫"雷稀饭"，管那掌柜的也叫这名儿；他的人缘儿是很好的。

城里最可注意的是人家的门对儿。这里许多门对儿都切合着人家的姓。别地方固然也有这么办的，但没有这里的多。散步的时候边看边猜，倒很有意思。但是最多的是抗战的门对儿。昆明也有，不过按比例说，怕不及蒙自的多；多了，就造成一种氛围，叫在街上走的人不忘记这个时代的这个国家。这似乎也算利用旧形式宣传抗战建国，是值得鼓励的。眼前旧历年就到了，这种抗战春联，大可提倡一下。

……蒙自的民众相当的乐意接受宣传。联大的学生曾经来过一次灭蝇运动。四五月间蒙自苍蝇真多。有一位朋友在街上笑了一下，一张口便飞进一个去。灭蝇运动之后，街上许多食物铺子，备了冷布罩子，虽然简陋，不能不说是进步。铺子的人常和我们说，"这是你们来了之后才有的呀"。可见他们是很虚心的。

蒙自有个火把节，四乡是在阴历六月二十四晚上，城里是二十五晚上。那晚上城里人家都在门口烧着芦秆或树枝，一处处一堆堆熊熊的火光，围着些男男女女大人小孩；孩子们手里更提着烂布浸油的火球儿晃来晃去的，跳着叫着，冷静的城顿然热闹起来。这火是光，是热，是力量，是青年。四乡地方空阔，都用一棵棵小树烧；想象着一片茫茫的大黑暗里涌起一团团的热火，光景够雄伟的。四乡那些夷人，该更享受这个节，他们该更热烈地跳着叫着罢。这也许是个被除节，但暗示着生活力的伟大，是个有意义的风俗；在这抗战时期，需要鼓舞精神的时期，它的意义更是深厚。

南湖在冬春两季水很少，有一半简直干得不剩一点二滴儿。但到了夏季，涨得溶溶滟滟的，真是返老还童一般。湖堤上种了成行的由加利树；高而直的干子，不差什么也有"参天"之势。细而长的叶子，像惯于拂水的垂杨，我一站到堤上禁不住想到北平的什刹海。再加上崧岛那一带田田的荷叶，亭亭的荷花，更像什刹海了。崧岛是个好地方，但我看还不如三山公园曲折幽静。这里只有三个小土堆儿。几个朴素小亭儿。可是回旋起伏，树木掩映，这儿那儿更点缀着一些石桌石礅之类；看上去也罢，走起来也罢，都让人有点余味可以咀嚼似的。这不能不感谢那位李崧军长。南湖上的路都是他的军士筑的，崧岛和军山也是他重新修整的；而这个小小的公园，更见出他的匠心。这一带他写的匾额很多。他自然不是书家，不过笔势瘦硬，颇有些英气。

联大租借了海关和东方汇理银行旧址，是蒙自最好的地方。海关里高大的由加利树，和一片软软的绿草是主要的调子，进了门不但心胸一宽，而且周身觉得润润的。树头上好些白鹭，和北平太庙里的"灰鹤"是一类，北方叫作"老等"。那洁白的羽毛，那伶俐的姿态，耐人看，一清早看尤好。在一个角落里有一条灌木林的甬道，夜里月光从叶缝里筛下来，该是顶有趣的。另一个角落长着些枇果树和木瓜树，可惜太阳力量不够，果实结得不肥，但沾着点热带味，也叫人高兴。银行里花多，遍地的颜色，随时都有，不寂寞。最艳丽的要数叶子花。花是浊浓的紫，脉络分明活像叶，一丛丛的，一片片的，真是"浓得化不开"。花开的时候真久。我们四月里去，它就开了，八月里走，它还没谢呢。

朱自清的学生李为扬，在回忆蒙自这段学习生活时，写了一篇《和朱自清先生过从的回忆》的文章，用较长的篇幅写了和朱自清交往的经过："我从到蒙自至毕业离开，前后大约四个月时间，我和朱先生的接触是比较多的。我常常在下课后绕到他寝室进去坐一坐，有时他也会托人带个口信或是写张便函到学生宿舍，约我去他寝室一谈。因为那时抗战才开始半年，前后方音讯经常隔断；但奇怪的是人们偶然也会接到一封来自遥远家乡的信，发信日期却是几星期前而接信时又是已沦陷了的城市。也有的来信是沦陷以后所写，不知怎样被带出来投邮了。大家对于这样的奇迹总看成是喜从天降，真正深切感受到'烽火连三月，家书抵万金'的况味。同学中间马上就互相争传起来，共享慰藉。朱先生也欢喜从我这里听到这类消息而得到莫大的安慰。他非常关心战局，关心家乡，尤其爱听扬州方面的消息。几乎我每次和他碰面都是围绕着这些话题。有几次为了弄清报纸上报导的战役，他特地把中国地图翻出来，要我和他一起对照着仔细寻找一城一镇的位置。"

朱自清关心抗战中的具体战役，从大里说，是关心中国的抗战形势，从小里说，是为前线的长子朱迈先担忧。而作为学生的李为扬可能还并不知道朱迈先正在前线和日军作战。李为扬继续回忆道："那时越南还是法国的殖民地，云南边境各城市的越南侨民，其本人或其上辈都是为了不满法帝的统治迁来中国的，所以一般都和当地居民和睦相处。他们同情中国抗战，痛恨法帝虚伪、暴虐。我到蒙自不久，因一个偶然的机会结识了越侨的活跃人物严继祖，他又介绍我认识了许多越侨。有一次他约我到'南美'咖啡馆主人家作客，饭后主人的女儿武白玉特地弹了一曲越南琴，备极哀怨，给我留下深刻的印象，归而作《南歌子》一首。"这不是李为扬到蒙自的第一首词了，他还因为蒙自特殊的地理位置而写一首《清平乐》。这次又写了一首《南歌子》。一次偶然的机会，李为扬和朱自清说起了这两首词，说是学着写的。朱自清听了很高兴，要看看。李为扬便把两首抄给了朱自清：

南歌子

樱口如樱小，蛮腰似柳长。

春风吹薄绿纱裳，细拨红牙低奏月如霜。

故国悲烟雨，南疆懒化装。

凝眸泪转九回肠，愁对天涯无语问沧桑。

清平乐

汗流如豆，热得人难受。

六月骄阳腾火兽，大地纹风不透。

且拼铁骨铜筋，周旋宇宙精灵。

纵使肌焦肤裂，依然固我原形。

朱自清读了李为扬的两首词后，微笑着告诉他，写得不错。一首反法，一首抗日。朱自清思考了一会儿，告诉李为扬，越南人一天到晚嚼槟榔，把嘴唇染得通红，这个"樱"字非常形象。"蛮腰"也语涉双关。连同"春风吹薄绿纱裳"一句，直把越南少女的形象，活灵活现地描绘了出来。不到蒙自来，还不能和越南的侨民生活在一起，也就不容易体会到这种感觉的。第二首很含蓄。朱自清认为，《南歌子》可题为"观越南武白玉女士弹琴"；《清平乐》可题为"一九三八年夏，抗日战局正酣，挥汗口占于云南蒙自"。李为扬知道，这是朱自清对他的鼓励，让他多搞些创作，所以对两首词的缺点并未指出来。

李为扬这一届学生，是 1934 年入学的，是从北平一路迁徙南下的最高一届学生，1938 年暑假前就要毕业了，因为西南联大刚成立不久，一切还未能就绪，所以这届毕业生仍由三校各用原校名义发给毕业文凭，因此，李为扬他们便是抗日战争后清华大学毕业文凭的最后一批毕业生了。由于特殊的历史机缘，清华大学的毕业生，准备编一本毕业纪念册，名《清华第十级年刊》。由于李为扬是编委之一，他便特地请朱自清写几句临别赠言给这个特别的班级，以资勖勉。朱自清在"年刊"恳挚地写道：

向来批评清华毕业生的人都说他们在作人方面太稚气、太骄气，但是今年的毕业同学，一年来播荡在这严重的国难中间，相信一定是不同了。这一年是抗战建国开始的一年，是民族复兴开始的一年。千千万万的战士英勇地牺牲了，千千万万的同胞惨苦地牺牲了。而诸君还能完成自己的学业，可见国家社会待诸君是很厚的。诸君又走了这么多路，更多地认识了我们的内地、我们的农村、我们的国家。诸君一定会不负所学，各尽所能，来报效我们的民族，以完成抗战建国的大业的。

　　　　　　　　　　　　　　朱自清。二十七年八月，蒙自。

朱自清的题词很实在，又很动情。

　　毕业了，就要分赴全国各地了，朱自清也出现在送行的站台上，"大学生毕业，对古老的西南边陲蒙自来说，可算是破天荒的大事。那天，我们背着行囊，和前来送行的师友谈笑着，分开看热闹的人流，踏上火车。汽笛长鸣，车轮蠕动了。朱自清先生留给我最后的深深的印象是：清癯面庞、中等身材，精神抖擞，站在蒙自车站的月台上，向着我们毕业生乘坐的快离去的个旧锡矿小火车挥手，频频地挥手，不住地挥手……

直到车行了很远，还隐约看见他那高举着的礼帽影儿在远空中摇荡"(《和朱自清先生过从的回忆》)。这一届的大学毕业生真是太不容易了，从去年秋冬，历经千难万险从全国各地赶到长沙，只学习了三个多月，又千里迢迢来到昆明，再来到边陲蒙自，五月初才开学，短短两个月就毕业了，就奔向各个岗位了。而迎接他们的，又是抗战中的烽火岁月。

家眷南迁

在蒙自有一个大好的消息，夫人陈竹隐率家人从北京取道越南赶来和朱自清会合了。朱自清于1938年5月30日接到陈竹隐的电报，便丝毫没有耽误，立即动身，赶往越南的海防迎接家人。6月2日这天，海防的天气格外的好，朱自清早早就在码头迎接了。当一家人在异国相聚时，是何等的开心啊，朱自清看看采芷，摸摸乔森，抱抱思俞，然后和陈竹隐一起游览海防的市容。于6月5日回到了蒙自。

关于来云南路上的这段经历，陈竹隐在《追忆朱自清》一文中，有较详细的回忆：

> ……那时日本人的吉普车在城里横冲直撞，在告别北京时，我差一点叫日本人的车撞上，结果我坐的三轮车翻

了，车夫受了伤，我的脚也蹩了，我就是一瘸一拐地启程南下的。在南下的船上，我们还遇到日本人的搜查。日本兵把全船的人都轰到甲板上，排成一队，挨个儿检查。他们认为可疑的人便用装水果的大蒲包把头一裹就拉走，完全不由分说。看着这蛮横的情景，真使人体会到亡国的痛苦。船快到越南的海防时，又遇到了台风。大风大浪打得船上下颠簸。大家都翻肠倒肚地吐呀，吐呀！放在格子里的暖瓶全被摔碎了，人也根本无法躺在床铺上。我的大女儿在隔壁舱房里边吐边哭喊着："娘啊！我冷啊，冷啊！"而我身边还有两个小孩子，我在舱里死死用两手抓住栏杆，用脚抵住舱壁，挡着两个孩子不让他们掉下来。听着隔壁女儿的哭喊声，我心里真是难受极了。大风浪整整折磨我们一夜，第二天风浪小了，可厨房里的盘碗餐具都打碎了，大家都只好饿肚子。

船到海防靠了岸，佩弦等人都已在那儿焦急地等着我们了。那地方风景可真美呀！到处都是绿树，绿叶中间花儿是那么红，红得艳极了。可那时越南是法国殖民地。这美丽的土地是在殖民主义者铁蹄的践踏下，越南人也饱尝着亡国的痛苦。越南老百姓连房子开个窗户都要经过法国人批准。在码头上，穷苦的搬运工人为了生活拼命地抢着搬行李。在旅馆里，法国有钱的人常常用鞭子抽打这些穷人。佩弦有时见到这情景，便气愤地制止说："你不要抽他，他是中国人！"佩弦还很动感情地对孩子们讲："我们要亡了国，也会像他们那样！"

1938年6月6日，朱自清把家安在蒙自市大井巷，与王化成、孙国华做了邻居。王化成是联大政治系的教授，孙国华是哲学心理学系的教授。朱自清刚把家安顿下来，就接到父亲来信，知道扬州家中遭遇了抢劫，被劫去120元，为此既气愤又担忧，毕竟那边老老少少还有一大家子人，他们的安全，也牵动着朱自清的心。而住在蒙自，也颇为操心，经常学校、家庭两头难顾。朱自清开始托朋友在昆明找房子。1938年7月18日，收到朋友的信，说有一住房，朱自清看了介绍，颇为满意。22日，朱自清日记曰："收到昆明来信数封，均系推荐住房者，决定去昆明一看。"7月23日，因为蒙自分校即将撤入昆明，朱自清不得不提前回昆明找房子住。

在昆明联系住房的几天里，朱自清还于1938年7月28日分别拜访了陆侃如和林同济。陆侃如1903年出生于江苏海门，1924年由北京大学中文系毕业后，考入清华大学研究院专攻中国古典文学，是个高才生。他在大学一年级时就出版了《屈原》，大学毕业时又出版《宋玉》。研究院毕业后，他在上海中国公学任教授，并在复旦大学、暨南大学兼职。1932年留学法国，和他一起出国留学的，还有夫人冯沅君。冯沅君也是个才女，17 岁考入北京女子高师，参加过五四运动。1922 年，22 岁的冯沅君在创造社的刊物上发表了以《卷葹》为名的系列小说，得到鲁迅的赏识，并成为《语丝》的主要撰稿人之一。1925 年，她从北大研究所毕业，任教于金陵大学。1932 年夏，陆侃如和冯沅君同时出国留学，入法国巴黎大学研究院学习，1935 年夫妇同时获得文学博士学位。1935 年回国后，陆侃如任燕京大学教授兼中文系主任。抗日战争爆发后，陆侃如在北京待了一段时间后，于 1938 年初南下昆明，在迁至云南的中山大学师范学院任教。林同济出生于 1906 年，福建福州人，16 岁在北京崇德中学毕业后，考入清华学校（清华大学前身）高等科。20 岁赴美留学，专攻国际关系和西方文学史，兼及文学、哲学。1928 年起，先后获得密歇根大学学士学位、加利福尼亚大学伯克利分校硕士、博士学位。回国后任教于天津南开大学。此时也任教于西南联大，和朱自清是同事。朱自清利用来昆明找房子的机会，抽空来看望了两位朋友。朱自清在当天的日记中说："陆（侃如）告诉冯找到两处房，他将写信，请冯让一处给他。我已看过一丘田的一处，陆又带我看了青云街的一处，不如一丘田的好，但尚可住。"7 月 29 日日记云："上午访陈梦家，商量住房问题。"

　　费了不少周折，房子找好了，位于昆明青云街 284 号冰庐。

朱自清又于 1938 年 7 月 30 日把采芷接到昆明，送她赴成都，进入成都中美中学读书。一连几天，朱自清都在昆明忙着住房问题，直到 1938 年 8 月 2 日，才签了租房合同，付了房租，有朋友还送了朱自清多件藤制家具。一直忙到 8 月 4 日，朱自清才回到蒙自。

1938 年 8 月 13 日，朱自清送陈竹隐和乔森、思俞到车站，让他们先回昆明家中，自己则要留下来，处理蒙自分校的结束工作。结束工作十分繁忙，既有欢迎宴——8 月 15 日晚，偕姚从吾、张佛泉、蔡枢衡在清熙馆设宴，欢迎周炳琳、袁同礼，并由吴宓作陪；又要为毕业的学生送行，为这届学生作了《临别赠言》，在《临别赠言》里，希望学生"不负所学，各尽所能，来报效我们的民族，以完成抗战建国的大业"。到 8 月 31 日，朱自清结束了蒙自分校的工作，9 月 3 日动身回昆明，在车上，还巧遇了吴文藻和冰心夫妇。

由于家在昆明，朱自清的生活逐渐稳定了下来，除了开始写作《经典常谈》里的部分文章外，大部分时间用在应酬上，如接待外地来昆明的朋友，或几个同事友人聚饮；还和几个爱好玩牌的朋友成立了"桥牌俱乐部"，约定一周活动一次；有几次和朋友一起出游，陪家人游玩了昆明的不少地方，如 1939 年 1 月 21 日和 22 日两天，就应徐绍谷邀请，携一家和徐绍谷一家去温泉玩了两天。1939 年 3 月 5 日，朱自清率夫人陈竹隐、儿子朱乔森、二弟朱物华、三弟朱国华和同事、同乡兼好友余冠英去了黑龙潭和金殿参观浏览。黑龙潭和金殿都是昆明著名的景点。黑龙潭在北郊龙泉山麓，四周山势险峻，奇峰挺拔，古树名木经多年养育，十分繁茂，有遮天蔽日之势。历代建筑的许多殿宇，依山傍势，层层叠叠，上上下下，曲曲拐拐，气势尤为逼人，可看可赏处很多。在山麓一隅，有一眼泉水涌出，汇为一潭。潭水碧绿清澈，深幽无底，黑洞洞神秘莫测，仿佛有神龙藏身，便被叫作"黑龙潭"。有意思的是，在黑龙潭旁边，另有一潭，此潭和黑龙潭完全不一样，潭水浑浊不清，理应称"黑"。如此相挨，却一清一浑，且有水口相通，令人不解，让人颇生联想，也会生发出不同的感慨来。黑龙潭不大，面积约600平方米。朱自清一家和余冠英他们也被周围奇峰异景所吸引，流连其间，多有感叹。其后又一起参观了潭旁的"起云阁"。说起这"起云阁"，还有一番来历，是为纪念明末义士薛尔望而修建的。据《明史》记载，南明永历十五年，永历皇帝在吴三桂率领的大清重兵的追击下，从昆明败退到缅甸。薛氏和许多明朝人一样为大明的灭亡而哀叹，留下"不能背城战，君臣同死社稷，故欲走蛮邦以苟活，重可羞耶""吾不惜以七尺躯为天下明大义"等语，率一家数口，投潭殉节。"起云阁"中曾有清康熙年间云南按察使许宏勋撰写的一副楹联："寒潭千载洁，玉骨一堆香。"这副联，在朱自清等人游览时，不知在否。但朱自清和余冠英都是文史名家，一定会对薛氏的义节大加议论的，如今日寇横行，前方将士正在浴血奋战，才难得有昆明这块栖息之地。黑龙潭的景点很多，散布也不远，有道观庙宇，有亭台阁榭；山上清泉碧流，藏在一棵棵遮天蔽日的名树古木下，涓涓有声，叮咚作响，在如此交相辉映的美景下，朱自清一家和余冠英一定是大饱了眼福。游完黑龙潭，一个上午的时间也差不多了，下午又去了金殿游玩。金殿和黑龙潭一样，也是昆明著名的景点，俗名鹦鹉山，也有许多道观和古建筑，如雷神殿、老君殿、三丰殿、天门、棂星门等。朱自清、余冠英两位好友难得如此有闲，沉浸在这样的风光山水中。

可能是因为工作方便吧，朱自清还在家里召开过一次会议，即同年6月29日召开的《今日评论》编委会会议。《今日评论》是联大教授于1939年1月1日共同创办的战时周刊，1941年4月13日停刊，在两年零四个月中，共出5卷114期。朱自清是《今日评论》周刊的文艺编辑。能把《今日评论》周刊的编委会安排在家里开，陈竹隐少不了会烧水泡茶忙碌一番的。1939年7月5日，朱自清作论文《论句子的主词及表句》，就发表在本月23日的《今日评论》上。在家里召开《今日评论》的编委会会议，此后在8月18日又召开一次。然而，这样带有浓郁学术气氛的编委会也没开几次，因昆明经常遭遇日军飞机的轰炸，只好又搬家了。这次朱自清把家安到了城外，即北郊梨园村（又作梨烟村），和魏建功比邻。从梨园村到联大，须步行一个半小时。搬家之后，所留下的书籍由三弟国华代为搬运，其经过十分艰辛。朱自清在《寄三弟叙永》里有记之："铁鹜肆荼毒，邻室无遗痕。赖汝移藏书，插架今纷纶。"和朱自清一家一前一后搬来的，还有联大教授杨武之、吴有训、赵忠尧、吴达元、杨业治、赵访熊等多人。

搬到梨园村，条件也未见好，但一些应有的应酬依然少不了。1939 年 11 月 5 日这天，朱自清就在家里请客，被请的教员有陈岱孙、李继侗、邵循正、浦江清、吴达元。朱自清又没有少喝酒。本月 30 日，又在家请雷海宗夫妇吃饭。1940 年 1 月 22 日，陈省身夫妇来访，又留其吃了午饭。1940 年 3 月 14 日，应叶公超的邀请，朱自清和陈竹隐一起，出席了他的宴请，同席的还有吴宓和张奚若。叶公超是朱自清和陈竹隐的媒人之一了，吴、张又是老朋友，这次聚饮，如果说起往事，也必定很有意趣。

1940 年 5 月，日本压迫英国封锁了云南通往越南的公路和通往缅甸的公路，切断了中国从海外输入战时物资的唯一通道，昆明首当其冲，物价飞涨，人民生活受到了极大威胁，联大的教授们一时间陷入赤贫了。朱自清一个人的薪水要几处花，家里生活更是难以为继。再加上朱自清也计划本学年度休假从事学术研究一年，和陈竹隐商量之后，决定移家成都。这次移家成都，还有另外的原因，一是陈竹隐在成都有些亲戚，可以照应；二是采芷已经在成都读中学了，也需要人照顾；三是成都的物价比昆明便宜很多，生活成本可以降低。这样，陈竹隐就带着乔森和思俞回到了故乡成都，租住在东门外宋公桥报恩寺后院三间简陋的小房子里。

这样，朱自清一家在抗日战争爆发以来，只在昆明团聚不到两年，又不得不分开了。

寻找朱迈先

还是在蒙自的时候，朱自清把家安顿在蒙自城内大井巷之后，下班回家又热闹了。看到采芷和两个幼小的孩子整天快快乐乐的，不免想念留在扬州老家的几个儿女，更为大儿子朱迈先担忧。

出生于1918年的迈先早已出落成一个大小伙子了，比朱自清高了很多，也很懂事。一年前日寇占领北平时，朱自清看情势危急，就托南下的叶公超把迈先带到扬州老家。此后约一年，因为战乱，朱自清和迈先失去了联系。1938年6月21日，朱自清接到父亲来信，得知家中遭劫，更加担心失联的迈先。1938年7月16日这天，朱自清在日记中说："迈先一友人自延安来。李一洲告采芷说迈先不在那里，他和他的友人均未收到迈先的信。为此很为迈先的命运担忧。拟在汉口《大公报》上登一广告。"

其实，朱迈先在 1936 年的一二·九运动时，就秘密加入了中国共产党，当时他还是北平崇德中学的一名高中生，和孙道临是同学。朱迈先回到扬州后，就读于扬州中学，从事共产党地下工作，并积极投入抗日活动。

1937 年底，扬州和沪宁沿线上的许多城市相继沦陷，成为敌占区。共产党员"陈素、江上青等人与上海市文化界救亡协会取得联系，在郭沫若、夏衍等人的支持下，成立了江都县文化界救亡协会流动宣传团，简称'江文团'，朱迈先积极参加'江文团'，进行革命宣传活动。宣传团带着很多宣传用具，还有大量进步书刊以及各人的行李，全靠人挑车拉，十分辛苦。王石诚曾在回忆文章中说：'当时朱迈先、莫朴、李公然等人出力最大。''江文团'沿途演剧、唱歌、演讲、写标语、画漫画、办壁报，受到群众的热烈欢迎。他们赶排了《我们的故乡》《放下你的鞭子》等戏剧。陈素、江上青、朱迈先都当过主演。不少有志青年中途加入'江文团'，队伍由从扬州出发时的 18 人扩大到 30 多人，并于 1938 年初抵达安徽六安。六安当时是第五战区安徽省的政治中心，安徽省抗敌动员委员会、桂系部队十一集团军和政治部都设在这里。陈素很快与中共长江局和安徽党组织接上了关系，建立起'江文团'中共地下党支部。当时中共党员只有陈素、江上青、朱迈先三人，陈素任党支部书记"。"江文团"在安徽短暂休整后，"又去河南固始、商城，湖北麻城、浠水等地进行抗日宣传活动，队伍逐渐扩大到40多人。当时'江文团'的人员都要求去延安抗大学习，董必武对他们说：'你们已有实际工作能力，不必再去延安学习了。目前广西部队需要政工人员，十一集团军三个师政治部都需要你们去工作。到这些师政治部去工作，可以发挥大作用，对抗战有益，希望你们服从分配，踊跃担负起抗日民族统一战线的光荣任务。'不久，八路军办事处就把'江文团'成员分配到国民党桂系部队三十一军三个师的政治部工作，'江文团'的集体革命活动就此结束，陈素任一三一师政治部少校科长，朱迈先任中尉科员，江上青任一三八师上尉科员"（许凤仪《朱自清长子朱迈先被杀冤案昭雪始末》）。

从朱自清日记中分析，在和迈先失联后，他曾多方打听过，所以李一洲才告诉采芷说"迈先不在那里"。这让朱自清更加焦急。

大约是朱迈先工作太忙，加上也不知道朱自清不断随校迁移的相关情况，扬州又是沦陷区，朱迈先也就没有及时和家里联系。1938年7月19日，朱自清寄十块钱给汉口的一个朋友，请他在《大公报》上刊登寻找朱迈先的启事。

时间一晃就到了1938年10月19日，朱自清突然接到一封信，拆开一看，是儿子迈先寄来的，欣喜万分。信中，迈先详细地向父亲述说了离家一年来的经历，并告诉朱自清，他目前在十一军某部任政治训导员。朱自清这天的日记里有一句"甚快意"的话，可见心情之大好。朱迈先能给父亲写信并知道准确地址，一定是看到《大公报》上的广告了。

从此，朱自清心里的一块石头落了地。1938 年 10 月 31 日，朱自清忙于一天的讲课后，给迈先写了一封长信。可惜这封信没有保留下来。朱自清留下来的给长子唯一的信写于 1948 年 5 月 21 日。大约在此前两日，朱自清接到儿媳妇傅丽卿的信，还有孙子的照片，特别开心，在这天的信中，朱自清欣喜地写道："我等今春游颐和园，友人为在玉兰花下摄一影，放大后甚好。兹寄去一张。丽媳尚未相见，得此可识翁姑面目。九滋亦久不见，见之亦必高兴。父迩年胃病，颇瘦减，但精神尚佳也。"九滋就是朱迈先的小名，即《儿女》一文中的阿九。

关于朱迈先的相关情况，还有后序，现作为"附记"如下：

朱迈先一直在国民党部队里任职，一次在战斗中负伤，治疗期间，认识了护士傅丽卿，两个异乡人一见倾心，不久和傅丽卿结婚。1948 年 8 月，朱自清去世，朱迈先考虑到携妻带子千里迢迢去北京十分不便，加之经济又非常拮据，便独自一人赴北京奔丧。傅丽卿因为没有能与公公见上一面而终生遗憾。朱迈先奔丧结束后回到广西，经姑父介绍到国民党后勤总署组训司任秘书，便与妻子丽卿住到南京。1949年，后勤总署迁广州，继而又要迁重庆。丽卿不愿去重庆，后由老上级蒋雄介绍他至桂北第八专署任秘书。1949年底，朱迈先代表桂北国民党军政人员向中共领导的桂林市政府联系起义事宜获得批准，遂起义成功。桂北军区司令周祖晃和七千余官兵接受了和平改编。朱迈先遂被送往广西军政大学学习。学习结业后，朱迈先被安置在桂林松坡中学任教。

时隔不久，"镇反"运动开始，曾任国民党师长的蒋雄被捕，长期在蒋雄部下工作并受到蒋雄提携的朱迈先随之也被逮捕。朱迈先被捕后，没有工作的傅丽卿难以抚养两儿一女三个孩子。一次，傅丽卿去探监，朱迈先对她说，我和父亲一样，是爱国的，没有做过对不起党和人民的坏事，组织上会查清的，你放心。你现在没有工作，生活困难，先把孩子送给北京的母亲抚养。傅丽卿没有见过婆母，也不知婆母的生活情况，生怕婆母受累，便写了封信给婆母陈竹隐，陈述朱迈先和自己的困难处境。不久，便收到婆母从清华园寄来的30元钱解了燃眉之急。此后，每个月都能收到婆母寄来的钱，有时30元，有时20元，以维持一家四口人的最低生活费用。婆母确实是尽了最大力量的。因为她每月工资只有60元，身边也有几个孩子，穿衣吃饭不算，还要供孩子上学，生活也是极其艰苦的。傅丽卿每次收到婆母寄来的钱，总是热泪盈眶，万分激动。直到一年后傅丽卿在一家医院工作，才叫婆母不要再寄钱来。

蒋雄是湖南新宁县人，他被押回老家审讯；因为朱迈先长期在蒋雄手下工作，也被押到新宁县受审。1951年底，蒋雄因是国民党高级将领被枪决，朱迈先也以"匪特"罪被湖南新宁县法院判处死刑，执行枪决，时年33岁。

1982年，也就是朱迈先去世30多年后，傅丽卿带着子女和儿媳妇去北京拜见婆母，拜祭已故的公公。婆婆见到长媳和孙儿孙女孙媳非常高兴。她特地将在国内的亲属一起邀至北京，吃了一顿团圆饭。随后又一起到北京西郊朱自清的墓地进行了祭扫。也就是这次全家团聚中，傅丽卿将多年来为迈先申诉的情况告诉了大家。全家人一致认为：朱迈先从中学起便从事革命活动。国共合作期间，他是听从中共长江局分配至国民党广西部队从事政治工作的，解放战争中，又是他亲自出面与共产党联系，组织起义获得成功的，他一生没有进行过反革命活动，将他"镇压"是冤枉的，这宗冤案一定要继续申诉。傅丽卿回到广西后，又多次向当时判处朱迈先死刑的新宁县法院申诉，并提供了搜集的大量材料和人证物证，法院经过认真复查，终于在1984年作出结论：1951年的判决书纯属错判，朱迈先属于起义人员，且起义后表现良好，撤销原判，恢复朱迈先名誉。

关于《经典常谈》

1938 年 9 月 3 日，朱自清从蒙自回到了昆明。

还是在上个月，西南联合大学增设了师范学院。朱自清又兼任师院国文系系主任，肩上的担子更重了。

刚回到昆明不久，沈从文就于 9 月 20 日来访，除了谈起一位朋友在延安的见闻外，还说起了编教科书的事。本月 21 日，朱自清访沈从文、杨振声，并和沈从文、杨振声一起商量教育部教育委员会委托编写的教科书。朱自清决定自己独立完成其中的一项。这便是后来成书的《经典常谈》。这是一部基础普及古典名著的书，从一开始，朱自清就确定了自己的写作思路，即面向中等教育程度的读者和在校学生。

1938 年 9 月 23 日，朱自清正式开笔。但有趣的是，他没有从第一篇开始写，插手便写了第四篇，即《〈诗经〉第四》。

10月3日和10月17日，又分别写成了《三〈礼〉第五》《〈春秋〉三传第六》，在短短二十多天的时间里，就一口气写了三篇，可见朱自清对这些经典是很熟的。如前所述，这种文章属于普及、入门类读物，并不好写，写浅了，初习者不买账，写深了，又读不懂。正如叶圣陶在《读〈经典常谈〉》里说的："它是一些古书的'切实而浅明的白话文导言'。谁要知道某书是什么，它就告诉你个什么，看了这本书当然不就是读了古书，可是古书的来历，其中的大要，历来对于该书有什么问题，直到现在为止，对于该书已经研究到什么程度，都可以有个简明的概念。学生如果自己在一大堆参考书里去摸索，费力甚多，所得未必会这么简明。……但是这本书本来不是写给专家们看的，在需要读些古书的学生，这本书正适合他们的理解能力跟所需分量。尤其是'各篇的讨论，尽量采摘近人新说'（序文中语），近人新说当然不单为它'新'，而为它是最近研究的结果，比较可作定论；使学生在入门的当儿，便祛除了陋跟迂腐的弊病，是大可称美的一点。"叶圣陶的话是中肯的，切中事实的。朱自清也正是按照这个路子写下去的。1939年2月5日，作《"四书"第七》和《〈战国策〉第八》，费时近一个月；2月13日作《〈说文解字〉第一》，费时一周；3月13日作《诸子第十》，费时四日；3月29日作《辞赋第十一》，费时三月；4月11日作《诗第十二》，费时十一日；5月2日作《文第十三》，费时半月，这篇文章后来改名为"中国散文的发展"，发表在《中学生战时半月刊》上，分两期，于本年9月20日和10月5日载完；5月16日作《〈史记〉〈汉书〉第九》，费时十日；到1939年9月29日写完《〈尚书〉第三》，费时三日后，基本完成了全书的写作计划。其间的5月18日，朱自清还为写成的各文加了注释。

《经典常谈》各篇的写作，除《文第十三》外，朱自清并未像以前的作品那样，写一篇先发表一篇。这种作品语言简明，介绍的是华夏民族数千年来文化典籍的精粹，须提纲挈领，娓娓道来，体例一贯，因为其内容包括《说文解字》、《周易》、《尚书》、《诗经》、"三礼"、《春秋》三传、"四书"、《战国策》、《史记》、《汉书》、"诸子"、"辞赋"、"诗"、"文"等十数种，都是中国古代文学、历史、哲学的经典。在写作过程当中，朱自清要不断地打磨、修改、补充、完善。所以他不急于拿出去发表。另外，朱自清一边写作一边注释，仅注释部分，就做了几次修订。

在1940年7月18日动身去成都休假时，朱自清还把书稿带在身边。安顿好后，于8月5日去开明书店成都办事处访叶圣陶。二位老友劫后相逢，倍感欢欣。朱自清还请叶圣陶吃了"吴抄手"。第二天又赴叶圣陶邀请宴，答应为促进国文教学和叶圣陶合作编书。之后两月，在发表了《再论中学生的国文程度》《诵读的态度》等文章后，便和叶圣陶一起讨论《经典常谈》。叶圣陶在《西行日记》里说："观其所作《古典常谈》（出版时改《经典常谈》）稿数篇。杂谈一切，甚至觉惬心。"观数篇，花费时间一定不少吧。"杂谈一切"更是谈得投缘啊。二位老友是怎么谈的呢？"佩弦买花生一堆，出其葡萄所泡大曲，余饮三小杯。"菜是简陋的，酒是大曲所泡的葡萄酒，不知是讲究还是不讲究。叶圣陶从前都是喝黄酒的，大曲酒三小杯并不多，主要还是在"杂谈"上。朱自清所著的《经典常谈》给了他信心，对于二人合著的《精读指导举偶》就更有信心了。

自朱自清写作以来，从来没有像写作《经典常谈》这样让他沉得住气。一年的休假结束后，又到1942年初，仅费时三天，于2月2日将《〈经典常谈〉序》写成。这样，费时三年多的《经典常谈》全书，才算大功告成。朱自清在序里对该书的成书经过和目的做了说明："在中等以上的教育里，经典训练应该是一个必要的项目。经典训练的价值不在实用，而在文化。有一位外国教授说过，阅读经典的用处，就在教人见识经典一番。这是很明达的议论。再说，做一个有相当教育的国民，至少对于本国的经典，也有接触的义务。"但"我国经典未经整理，读起来很难，一般人往往望而生畏，结果是敬而远之……如果读者能把它当作一只船，航到经典的海里去，编撰者将自己庆幸，在经典训练上，做了他做尖兵的一份儿。"

《经典常谈》书影

1942 年 2 月 3 日，朱自清带着《经典常谈》全部手稿，到杨振声所住的岗头村，当面交给他。由于最初的写作计划是"古典常谈"，杨振声建议将"古典"改成"经典"，朱自清接受了这一建议。

《经典常谈》在朱自清大量的论著当中，是比较特殊的一部，因为他选择的，确实是经典中的经典，经过他的白话诠释，成为读者了解中国古代文化典籍的入门指南。正如季镇淮所说，该书"经史子集都有，是旧时士人的基础读物。除诗、文外，其他都是逐书讲解，介绍其作者、内容，言之有据，深入浅出，意无不达，雅俗共赏，运用现代语言，讲述古史内容，令人读之不厌，确实是难得的运用语言文字的妙手。诗、文不可以数举，叙述源流史迹，是诗文发展史，繁简得中，娓娓而谈，亦为不可多得之作。这是学术著作。是记叙散文的一高品"。这段评论说得好，不仅指出其学术价值、实践意义，而且将此书和朱自清的散文语言风格联系了起来，将它看成是"记叙散文的高品"。

接待茅盾

　　朱自清刚从蒙自回到昆明，在接受写作《经典常谈》一书的任务后，开始忙于各种活动。另外，昆明和蒙自不一样，从沦陷区来的文化人多，各种聚会也多。朱自清在写作、开会、接待朋友之余，还要为新学期做准备，为朋友筹办的杂志出谋划策，还担任了西南联大校歌校训委员会委员，担任了战区学生救济及寒苦学生贷金委员会委员，真是千头万绪。有些活动，和他工作并无多少关联，他也都尽心尽责全情投入。比如1938 年 10 月 30 日下午，出席联大校歌校训委员会会议，通过罗庸所作校歌的歌词，歌词云："万里长征，辞却了五朝宫阙。暂驻足衡山湘水，又成离别。绝徼移栽桢干质，九州遍洒黎元血。尽笳吹、弦诵在山城，情弥切。千秋耻，终当雪，中兴业，须人杰。便一成三户，壮怀难折。多难殷忧新国运，动心

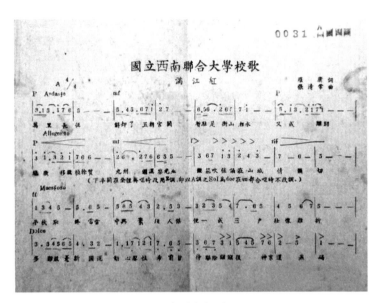

西南联大校歌

忍性希前哲。待驱除、仇寇复神京，还燕碣。"校歌歌词当然是大事了，朱自清参与其中也很受鼓舞。1938 年 11 月 30 日，朱自清出席了 1938 年度第一次教授会会议，当选为该年度教授会书记。晚上，还应钱端升邀请，商谈钱拟的期刊事宜。

由于战时情况特殊，1938 年度第一学期一直到本年 12 月 1 日才正式开学。朱自清开设的课程有"中国文学批评"和"国文读本""国文作文"等。

开学后的朱自清就更忙了，1938 年 12 月 7 日，出席北大校友常设委员会会议，参与讨论了筹备北大四十周年校庆事，本月 11 日访顾颉刚，16 日又与来访的闻一多、浦江清共同选定特别阅览室展出的书目，晚上又赴钱端升邀宴，议定他提出的拟办的刊物定名为"今日评论"（参看本书《家眷南迁》一节），17 日出席北大校长蒋梦麟邀宴，19 日写作了散文《松江客谈》，费时两天，可惜这篇文章丢失了。20 日又作《新语言》，发表于次年 1 月 1 日《今日评论》第 1 卷第 1 期。该文回顾分析了五四以来中国语言现代化的历史进程，明确指出，只有通过继续努力，使文言现代化，白化文现代化，才能实现"文学的国语"。

朱自清是在如此忙碌中，于 1938 年 12 月 28 日接待了远道而来的茅盾。

茅盾是文学研究会的发起人之一。朱自清也是文学研究会的老人了。1937 年 10 月 15 日，朱自清在长沙时，还巧遇了送子女来长沙读书的茅盾。因当时时间紧迫，没及细谈。1938 年春天，二人又被在武汉成立的中华全国文艺界抗敌协会同时选为理事。28 日这天，茅盾在去大西北的途中，准备在昆明停留数日，并在到达的当天就来看望朱自清。

朱自清和茅盾交谊很早，20 年代初就多次和茅盾在上海见面、晤谈。朱自清也时时关注茅盾的创作。在 1933 年 5 月 10 日日记中，就有读茅盾小说《大泽乡》《豹子头林冲》《石碣》

《右第二章》的记载，还认为《石碣》比较成功。又说："振铎以为茅盾的史事小说过于施蛰存；余谓若论手法，施之深入与细致远在茅公上也。"这都是朋友间的真情实感，并不因为和郑振铎是朋友就附和他，也并不因为和茅盾是朋友就"向人不向文"。读茅盾的作品多了，自然就有话要说了，于是，到了1933 年 6 月 21 日，朱自清写了篇《读〈春蚕〉》的书评。这是茅盾在开明书店最新出版的一本短篇小说集。朱自清把文章写好后，即在《大公报·文学副刊》上刊登了出来。该文着重分析了作者笔下所写的"快给经济大轮子碾碎了的农村"的情状，对《林家铺子》《春蚕》《秋收》等小说给予了高度评价。这篇文章发表日期是同年 7 月 3 日。奇怪的是，7 月 31 日，又刊登一篇《春蚕》，起首就说，"今此篇另有着眼之处，与前文无重复之义也"，而对前一篇文章中的一些观点做了修正，认为《春蚕》和《秋收》"殆为全书之冠"，而对《林家铺子》则又有了微词。另外，对茅盾的另一篇小说《右第二章》，作了评价，认为"亦为佳构"，"全篇以写沪战时一部分人激昂舍身之情形，读时最令人兴起"，同时，对作家的叙述视角和简洁的行文予以赞赏，称"此等处尤见作者技巧之高明"。本年 8 月 12 日，朱自清去看杨振声时，二人又谈了茅盾的长篇小说《子夜》，杨振声认为《子夜》初读甚佳，日久乃觉其多非文学。此后，朱自清在《子夜》书评中，又一次阐述了自己的观点，认为茅盾

"描写农村的本领，也不在描写都市之下"，《林家铺子》"写一个小镇上一家洋广货店的故事，层层剖剥，不漏一点儿，而又委曲人情，真可算得'严密的分析'。私意这是他最佳之作。还有《春蚕》《秋收》两短篇，也'分析'得细。我们现代的小说，正该如此取材，才有出路"。而茅盾在编选《中国新文学大系·小说一集》时，也收入了朱自清的小说《笑的历史》和《别》两篇。而朱自清一共就只写了这两篇小说。

所以，这次茅盾来昆明，朱自清就在昆明饭店宴请了茅盾一家，又请了顾颉刚和吴晗作陪。茅盾在《从东南海滨到西北高原》一文中，轻描淡写地带了一笔："二十八日晚出席文协云南分会为我'洗尘'的晚宴，又见到了朱自清、沈从文等朋友。"接下来的几天，朱自清和茅盾又在一起聚过几次。1938年12月29日晚上，顾颉刚又做东，请茅盾一家，朱自清、吴晗都是陪席者，席间，听茅盾谈国共合作及新疆盛世才联苏联共的事。第二天晚上，朱自清又陪茅盾一家到文庙观看金马剧团演出的话剧《黑地狱》。31日，朱自清正在家读书，午后，顾颉刚陪茅盾来了。大家分外高兴，相谈甚欢。茅盾后来回忆说："……我就由顾颉刚陪着拜访了朱自清；佩弦兄又派人去请冰心、闻一多和吴晗，冰心不在家，而我和吴晗是初次见面。这些教授先打听老朋友的消息，尤其关心原来在广州、武汉的一些朋友的行踪和安全。接着就谈起抗战文艺运动中的问题。

我作了介绍，发现他们并非不了解情况，相反，他们很注意这些问题，只是自己没有参加进去，取了旁观的态度。我把话题转到外来文化人与本地文化界如何联络感情加强团结的问题。当地文化界的力量由于历史条件的限制，相对来说比较薄弱，他们欢迎外来的文化人帮助他们的工作，但是往往合作之后却发生矛盾，甚至闹得很紧张。据我观察，两方面都有责任，但我总认为我们这些'外来户'应多担点责任。吴晗说，沈先生的意见很对，昆明也存在这个问题，我们就很少与当地的文化界联络，因此社会上也有些风言风语，不过责任还在我们。朱自清说，我们这些人在书斋里待惯了，不适应那种热闹场面，有的人就说我们摆教授架子，其实本地的刊物约我写文章，我就从不推托。我笑道，佩弦兄误会了，参加抗战文化活动并不是要我们去学'华威先生'，而是要有一个统一的组织，使大家的步调能一致。至于我们这些人的本事，也就是写写文章，对抗战中的各种现象和各种问题发表发表自己的看法。"

朱自清显然对茅盾的来访特别重视。1939 年 1 月 2 日，朱自清在主持召开的文协云南分会会议上，专门邀请茅盾参加，并请他发言。茅盾欣然同意，做了《从反面观点看问题》的演讲。茅盾在演讲中分析了抗战文学的数量和质量、文学大众化、读诗运动、活报剧等抗战文艺中的问题。演讲虽然很短，却能切中要害，认为"数量固然不能少，质量更为重要"。与会者对茅盾的演讲表示赞许。会后，朱自清余兴未减，又邀请了茅盾和梁思成、林徽因夫妇去咖啡馆小坐，继续畅谈。

这次和茅盾短暂的接触，给朱自清印象很深。茅盾虽然只比朱自清大两三岁，在新文学创作上的成就却很可观，特别是在小说创作上。而且茅盾一直坚持的"为人生"的写作，也让朱自清钦佩。

这里可以多写一点：抗战胜利前夕，即1945年6月22日，茅盾创作二十五周年暨五十岁诞辰之际，朱自清信笔写出了一篇《始终如一的茅盾先生》。朱自清在文中说："茅盾先生开始他的文学业绩的时候，就标举人生的文学与写实的文学。这二十五年来，文坛上经过多少变化、多少花样，但茅盾先生始终不移地坚持他的主张，不，信仰。他看准了这是现代中国文学的大路。他介绍、翻译、批评，直到创作，一步步实现他所信的，他的生活也一致地向着这信仰。这样将文学的各方面打成一片，尤其将文学和生活打成一片，是难得的。他的影响是整个的，深透的。"又谦逊地说："茅盾先生并且要将自己和后进打成一片，他竭力奖掖后进的人。我就是受他奖掖的一个，至今亲切地感到他的影响。我的文学工作是受了他的鼓励而发展的。这二十五年中他一定帮助了许多人成就了他们自己，不过我们未必一一知道罢了。他指出的现代中国文学的大路，到了这时代，大家都已看得分明，都会跟着他走。他今年才五十岁，有的是领导的力量；他的影响正在加深和扩大。"这篇文章虽然不长，却体现了朱自清一贯的真诚和朴实。三天后，在威远街34号文艺沙龙出席茅盾创作二十五周年暨五十岁诞辰纪念会上，又写下这样的贺词："我佩服你能将批评与创作、文艺与人生打成一片。"

关于《新诗杂话》

关于《新诗杂话》这本新诗话集，李广田在《最完整的人格——哀念朱自清先生》里有详细的披露：

这本书的编定在三十三年十月，书稿交出后便石沉大海，中间一度传说稿子已经被书店失落了，朱先生常常提到这件事，现出非常伤心的神色，以为这本书再也不会与世人相见了，不料事隔三年有余，书竟然出版了；他喜出望外，在目录后的空页上题道："盼望了三年多，担心了三年多，今天总算见到了这本书！辛辛苦苦写出的这些随笔，总算没有丢向东洋大海！真是高兴！一天里翻了足有十来遍，改了一些错字。我不讳言我'爱不释手'。'邂逅相遇，适我愿兮！'说是'敝帚自珍'也罢，'舐犊情深'也罢，我认了。一九四八年一月二十三日晚记"。在这短短的题字里一连用了四个惊叹号，第一行上边盖了"邂逅斋"的闲印，最后一行下边盖了一个"佩弦藏书之钵"，大概太高兴了，高兴得手忙脚乱，第二个图章竟然倒置了。

《新诗杂话》共收随笔 15 篇。最早两篇《新诗的进步》《解诗》写于 1936 年间，《解诗》写于 1936 年 11 月 8 日，针对人们新诗不好懂的抱怨和批评，对两首新诗进行了剖析，告诉读者读懂新诗的门径。《新诗的进步》大约写于《解诗》之前，这从作者目录的排序能看出来。《新诗的进步》在 1937 年 1 月《文学》第 8 卷第 1 期发表时，题目就叫"新诗杂话"，编集时才改成《新诗的进步》。其他文章，大都是于 1941 年下半年以后陆续写成的。

其实，关于这本书的写作，与厉歌天和李广田有关。朱自清在序里说得很清楚了，"那时我在休假，比较闲些，厉先生让我读到一些新诗，重新引起了我的兴味。秋天经过叙永回昆明，又遇见李广田先生；他是一位研究现代文艺的作家，几次谈话给了我许多益处，特别是关于新诗"。朱自清是从 1940 年暑假开始后休假的，并于 7 月 18 日从昆明动身前往成都，8 月 4 日返抵成都的家中。朱自清在成都一边休假一边做研究、搞创作，还和叶圣陶经常交往，商讨编辑教科书诸事并有多次诗

《新诗杂话》书影

词唱和。1941年9月2日，朱自清写信给厉歌天，谈新诗问题。在此前后，朱自清曾向厉歌天借阅刊登新诗创作的书刊多种，在阅读中产生了一些想法，并在给厉的信中加以阐述。这封信，后来加了题目"关于诗的比喻和组织"，发表在1942年《笔阵》第2期。

一年休假结束后，朱自清于1941年10月8日动身返回昆明，乘船顺岷江而下。

朱自清第一次走这条水路，一路上观察颇为仔细，除了观察两岸风景，还关注船上的日常生活，"岷江多曲折，船随时转向，随时有新景可看。江口以上，两岸平原，鲜绿宜人。沿岸多桤木林子，稀疏瘦秀，很像山水画。我们坐的是装机器的船。机器隔断前后舱，每天拿脸水拿饭，以及上岸上船，都得费很大的力。我们在后舱，所以如此。我睡在两张沙发椅上，相当舒服也相当得不舒服；因为空子太短，伸直脚杆又伸不直腰，伸直腰又伸不直脚杆。但我行李太少，这样也就算舒服了。船上饭很香，菜是李先生家另烧，吃得很好，有时候太饱。只有末一日，换了一个烧火的，烧的是'三代饭'，有焦的，有生的，有软的。船上没法换衣服，幸好没有生虱子"（1941年10月20日朱自清"致钟霞裳、金拾遗信"）。

在这样的行船中，两日后抵达乐山。

乐山是岷江岸边的重要城市，朱自清下船后，看望在武汉大学教书的朱光潜、叶石荪等朋友，还和朱光潜去游览了乌龙寺、大佛寺、蛮洞、龙鸿寺等风景名胜。在致钟霞裳、金拾遗的信中，朱自清说："到嘉定走了四天半，因为江口就耽搁了一天。我倒不着急，着急也没用，况且着急也不必坐木船了。"朱自清是这样描写所见风光的，"乌龙寺的悬岩还雄壮；大佛大得很，可是也傻得很。蛮洞倒是别致。叙府街好，简直有春熙路的光景。公园极小，但钟楼一座非常伟大坚固，可算四川第一，石基入地二三丈，地上一丈多，上用砖砌，非抬头看不到顶"。

如此在船上行了几日，朱自清于 10 月 17 日抵达宜宾，进入长江。不消说，一路行舟遇到生活上的不便，就是经历的各种艰险也不计其数，何况只是一条木质的机船呢。"沿路滩险不少，因水不大不小，平安渡过。只有十八日早过干碚窝，很吓人。我们船已漏水。若是船夫不用力，一碰在石头上就完了。我们看见水涡里冒出死人的肚腹。叙府上面有匪，我们也幸而未遇着。"朱自清致钟霞裳和金拾遗的信中继续说，可见水路之凶险。而接下来的这一段汽车路，也并非坦途，朱自清在信中还告诉朋友由纳溪到叙永是"赶黄鱼"。什么是"赶黄鱼"呢？简单说，就是车票被票贩子垄断，只能买高价票，当地人称这种票为"赶黄鱼"。好不容易上了车，汽车在险峻的山路上也只能歪歪扭扭地行驶。朱自清在 10 月 26 日致朱光潜的信中，描写了那天的情境：不巧"天下雨，车没到站因油尽打住。摸黑进城，走了十多里泥泞的石子路，相当狼狈"。又说，"叙永是个边城。永宁河曲折从城中流过，蜿蜒多姿态。河上有上下两桥。站在桥上看，似乎颇旷远；而山高水深，更有一种幽味"。旅途虽然辛苦、狼狈，在朱自清眼里，河山依然是美丽的，依然"旷远"而有"幽味"。

朱自清是1941年10月21日到达叙永的。因一路辛苦，入住头几天，吃饱睡足，夜里接连做梦。梦后得诗一首并序，序云："九月日夕，自成都抵叙永，甫得就榻酣眠，迩日饱饫肥甘，积食致梦，达旦不绝，梦境不能悉忆，只觉游目骋怀耳。"这里的"九月日夕"应该是指农历。诗曰："山阴道上一宵过，菜圃羊蹄乱睡魔。弱岁情怀偕日丽，承平风物殢人多。鱼龙曼衍欢无极，觉梦悬殊事有科。但恨此宵难再得，劳生敢计醒如何。"到了10月26日，在致朱光潜的信中，朱自清对该诗做了解释，云："我的主人很好客，住的地方也不错。第一晚到这儿，因为在船上蜷曲久了，伸直了腰，舒服得很。那几天吃得过饱，一夜尽作些梦。梦境记不清楚，但可以当得'娱目畅怀'一语。第二天写成一诗，抄奉一粲。"这便是上述这首《好梦再叠何字韵》。

那么信中所说"很好客"的主人是谁呢？便是李铁夫。李铁夫出生于1892年，叙永人，毕业于四川陆军军官学校，曾任国民党二十四军少将副官。李铁夫热爱文艺，早就知道朱自清的文名。朱自清曾有《赠李铁夫》一诗，诗云："董家山舍几悠游，见说豪情胜辈流。载我倭迟下岷水，共君磊落数雄州。盘涡出入开心眼，抵掌从容散客愁。独去滇南无限路，主人长忆孟公俦。"从诗中可知，朱自清在致友人信中所说的"菜是李先生家另烧"中的李先生，即是李铁夫。而李铁夫也和朱自清随船同行，"装机器"的大木船，可能就是李家租来的。

在叙永，朱自清一直住在李铁夫家。李家在叙永西城鱼市口开有"宝和祥"商号，是临街的大房子，三层，屋宇宽敞，高大气派，是叙永的商业中心。朱自清在此居住，一直勾留到10月30日。离开叙永，朱自清在车上又作旧诗《发叙永，车中寄铁夫》，诗曰：

> 堂庑恢廓盘餐美，十日栖迟不忆家。
> 忽报飙轮迎户外，遂教襆被去天涯。
> 整装众手争俄顷，握别常言乘一哗。
> 如此匆匆奈何许，登车回首屡长嗟。

诗中透出浓郁的友情和对李铁夫的感谢。正是在叙永的十天里，朱自清巧遇了新派新人李广田。

李广田是山东邹平人，1935年北大毕业。他当然知道朱自清在新文学界的大名了，大约在 1931 年，还听过朱自清在北大红楼的演讲，演讲主题是"陶渊明"，那次演讲动静不小，主持人是北大中文系主任马幼鱼先生，北大红楼下西端的大教室里挤满了人，当时的李广田，还只是北大预科的学生。几年后，在叙永这个边城，能够和大名鼎鼎的前辈诗人、教授相遇，自然分外开心。在李家楼上，在出游中，李广田多次和朱自清畅谈文学，特别是白话诗的有关问题，有数次交流讨论。李广田说，真正和朱自清相识是在 1941 年 10 月，朱自清在成都休假期满，返回西南联大途经叙永，"相隔十年，朱先生完全变了，穿短服，显得有些消瘦，大约已患胃病，特别引起我注意的是他的灰白头发和长眉毛，我很少见过别人有这么长眉毛的，当时还以为这是一种长寿的征象。为了等车，他在叙永住了不少日子，我们见过几次，都谈得很愉快，主要的是谈到抗战文艺，尤其是抗战诗，这引起他写《新诗杂话》的兴趣"（《记佩弦先生》）。朱自清也很高兴能在偏僻的小地方见到文坛新秀，而且谈吐不俗，对新诗很有见地。也就在这时候，朱自清萌生了写作《新诗杂话》的念头。

朱自清回到昆明后一个多月，便开始《新诗杂论》的写作，不过该书的写作，并不是相对集中在某一段的时间内，拖延了好几年。

1941 年 12 月 16 日，写作一篇《新诗杂话》，费时四天。

于次年 2 月 6 日发表在《文聚》第 1 卷第 1 期上，收集时改篇名为"抗战与诗"。该文指出，抗战以来，新诗的发展趋势一是散文化，"为了配合抗战的需要，都朝普及的方向走，诗作者也就从象牙塔里走上十字街头"；二是对胜利的展望，表现为对大众的发现，"他们发现大众的力量的强大，是我们抗战建国的基础"。1942 年 11 月 25 日，在《世界学生》第 1 卷第 11 期上发表《新诗杂论》，收集时改题为"诗与哲理"。该文着重评介了冯至的诗集《十四行集》，认为他以敏锐的感觉从日常的境界里体味出了精微的哲理。1943 年 4 月 23 日，作《新诗杂话（诗的形式）》，费时三日，发表于同年 5 月 26 日《世界学生》第 2 卷第 5 期"文艺专号"上，收集时改题为"诗的形式"。1943 年 5 月 3 日作《诗的感觉——新诗杂话之一》，发表于同年 6 月《文艺先锋》第 2 卷第 5、6 期上，收集时改题为"诗的感觉"，该文着重评介了卞之琳的诗集《十年诗草》。1943 年 5 月 6 日作《诗与幽默》，费时两日，发表在同年 7 月 15 日《时与潮文艺》第 1 卷第 3 期上。该文认为，新文学的小说、散文、戏剧中不乏幽默，而诗中的幽默却不多，但这种现象将随着新诗的语言的发展而改变。1943 年 6 月 13 日写作诗话《真诗》，该篇的新颖之处是，探讨了新诗与民谣的关系，这两者又都是朱自清擅长的，他的关于中国歌谣的研究，已经在学界有着很大的影响了，新诗创作更是朱自清走向文学之路的起点，他也是新文学运动早期就有影响的不多的诗人之一。在这篇诗话里，朱自清认为"新诗虽然不必取法于歌谣，却也不妨取法于歌谣，山歌长于譬喻，并且巧于复沓，都可学。童谣虽然不必尊为'真诗'，但那'自然流利'有些诗也可斟酌地学；新诗虽然说认真，却也不妨有不认真的时候"。

应该说明的是，朱自清自从和李广田相遇于旅行中，并谈了新诗的相关问题后，才萌发了写作这本诗话集的念头，而且，确实是认真实施了。

关于"语文影"

　　"语文影"系列文章的计划和写作，和《经典常谈》不一样。后者是应杨振声、沈从文之约。而前者完全是凭借自己的兴趣，特别是在西南联大时期写的几篇，是自己深思熟虑的结果。

　　在长期的教学和写作中，朱自清深知口语、方言等语言是白话写作中的重要一部分，其意义非常值得研究，"十几二十年前曾写过一篇《说话》，又写过一篇《沉默》，都可以说是关于意义的。还有两三篇发表在天津《大公报》的《文艺副刊》上……这两三篇东西，有一位先生曾当面向我说，'好像都不大好了'，我自己也觉得吃力不讨好，因此丢就丢了，也懒得托人向报馆或自己去图书馆在旧报里查一下"（朱自清1948年3月《语文影及其他·序》）。

西南联大时期的朱自清，经过一段时间的思考和沉淀，对于这类题目重新有了兴趣，于 1939 年 5 月 31 日写了一篇《是勒吗》，后边还加了破折号，谓"语文影之一"。

"语文影"系列文章的写作，开启了他语文研究的一扇窗户。在说到"语文影"写作的缘起时，朱自清说《写作杂谈》里说："我读过瑞恰慈教授的几部书，很合脾胃，增加了对语文意义的趣味。从前曾写过几篇论说的短文，朋友们似乎都不大许可。这大概是经验和知识还不够的缘故。但是自己总不甘心，还想尝试下。于是动手写《语文影》。"朱自清的这段话，和他在《语文影及其他》的《序》里所说差不多，而朋友们的"不大许可"或认为"不大好"，也是他"总不甘心"的缘由。

这篇《是勒吗》写成之后，随即就发表在昆明《中央日报》的副刊《平明》第 17 期上。但，隔了好几个月，直到 1939 年 10 月 16 日，才花两天时间，写了第二篇《狠好》。隔了这么长时间才有第二篇问世，中间有了点小插曲，原来，《是勒吗》发表之后，"挨了云南人的骂，因为里面说'是勒吗'这句话是强调，有些不客气。那时云南人和外省人间的了解不够，所以我会觉得这句话本质上有些不客气，后来才知道这句话已经不是强调，平常说着并不带着不客气。当时云南人却觉着我不客气，纷纷地骂我；有些位读过我的文章来骂我，有些位似乎并没有读到我的文章，只是响应骂我的文章来骂我，这种骂更骂得厉害些。我却感谢一位署名'西'字的先生的一篇短短的平心静气的讨论，我不知道他是哪里人。他指出了我的错误，说这句话应该写成'是喽嘛'才对，他是对的"(《语文影及其他·序》)。其实这篇《狠好》，后来在收入《语文影及其他》时，也改作现在我们通常所说的《很好》了。1940年2月1日，写作了《如面谈》，花了四天时间。近一年后的1941年1月20日才又写了篇《撩天儿——语文影之一》，这篇文章发表在《中学生战时半月刊》上，编集时删了副标题。"战线"如此之长，可见朱自清是把"语文影"系列文章当作长期计划的。后来陆续还有这方面语文杂论，如1942年1月5日写作的《不知道》等，就没有加上副标题"语文影之一"的字样。

"语文影"系列文章和关于语言文字的杂论，后来被朱自清编入《语文影及其他》一书中，已经是1948年3月间了，其时朱自清胃病严重，时好时坏，3月19日至25日，几乎每日呕吐。在给次子朱闰生的信中说："我最近又病了六天，还是胃病，不能吃东西，现在复原了。这回瘦了很多，以后真得小心了。"也是在这个月里，朱自清抱病开始编辑《语文影及其他》并写了序言。除了少数几篇，书里的大部分文章，都是写于西南联大时期，第一篇《是勒吗》距编书时，已长达九年。朱自清在"序"中叙述了这本书的缘起和内容，称原打算写两部书，一部是《语文影》，主要谈"语言文字的意义"，"但是这类文章里不免夹着玩世的气氛，后来渐渐不喜欢这种气氛了，就搁了笔"。另一部是"及其他"，朱自清说，"指的是《人生的一角之辑》，《人生的一角》也是计划了而没有完成的一部书。我没有发表过这个书名，只跟一两位朋友谈起过。这一类文章应该是从《论诚意》起头"。朱自清本想"站在'一角'上冷眼看人生"，但因也沾着玩世的味儿，认为"时代越来越沉重，简直压得人喘不过气，哪里还会再有什么闲情逸致呢！我计划的两部书都在半道上'打住'了。这儿这本拼凑起来的小书，只算是留下的一段'路影子'罢了"。

在编书过程中，朱自清想起那篇《是勒吗》闹的小纠纷，他参照当时的相关意见，做了修改，"题目里跟本文里的'勒吗'也都改过了"。又说：《是喽嘛》之后，我又陆续地写了一些。曾经打算写得很多，《语文影》之外，还要出《语文续影》《语文三影》。"这可真是大计划啊，可惜这些计划都没有完成，真是被"越来越沉重"的生活重负"压得人喘不过气"来了。对于书名中的"及其他"，朱自清也做了说明，"本来打算叫作《世情书》，'世情'是'世故人情'的意思。后来恐怕有人误解'世情'为'炎凉'的'世态'，而且'世情书'的名字也似乎太大，自己配不上，就改了《人生的一角》。'一角'就是'一斑'，我说的种种话只算是'管见'；一方面我只是站在'一角'上冷眼看人生，并不曾跑到人生的中心去。这个冷眼，有玩世的味儿。《正义》一篇，写在二十五年前，也沾着这个味儿"。

《论诚意》一篇，写于成都休假时期，该文论述了"诚意"作为人的品性和态度，在立身处世上的种种联系和区别，认为"人为自己活着，也为别人活着。在不伤害自己身份的条件下顾全别人的情感，都得算是诚恳，有诚意"。鲁迅也早就表达过这个意思，他的话更为尖刻，大意是，如果一个人做善事好事，又能让别人受益，这种事一定要做；如果做损人而利己的事，也可以去做；最不能做的事是，损人而不利己。朱自清的"诚意"论，语气更为和气，道理更为浅显，能够为普通人所接受。所以叶圣陶将此篇文章当成范文，向中学生讲解分析。

朱自清两本书的计划，实际上"合二为一"也只完成这薄薄的一本，除一篇《序》外，共分两辑，"语文影之辑"和"人生的一角之辑"，前者收《说话》《沉默》《撩天儿》《如面谈》《人话》《论废话》《很好》《是喽嘛》《不知道》《话中有鬼》十篇。后者收《正义》《论自己》《论别人》《论诚意》《论做作》《论青年》《论轰炸》《论东西》等八篇。《论别人》写作于 1942 年 8 月 16 日，费时五日。该文论述了五四以来"自己"与"别人"关系的消长起伏，抨击了抗战以来"自己"的恶性膨胀，以致损害公众利益的丑恶形象。本年 9 月 1 日又作《论自己》，费时三日，和上一篇《论别人》可称为姊妹篇，发表于本年 11 月 15

日出版的《人世间》第1卷第2期上，该文指出，青年人，应不断扩大自己，丰富自己，"看得远，想得开，把得稳；自己是世界的时代的一环，别脱了节才真算好。力量怎样微弱，可是是自己的。相信自己，靠自己，随时随地尽自己的一份往最好里去做，让自己活得有意思，一时一刻一分一秒都有意思。这么着，自爱自怜才真是有道理的"。朱自清这样的论述，和他在年轻时和俞平伯讨论的人生的"刹那"主义，完全是南辕北辙了。收录在这一辑中的文章，跨度达二十余年之久，最早的一篇《正义》写于1924年，收在和俞平伯自办的杂志《我们的七月》里。最后一篇《论青年》写于1944年。一本小书能延续二十多年，说明朱自清心中一直有一条清晰的创作之路。

旅游和雅集

在西南联大的艰难岁月中，朋友之间也常有各种小型聚会。

旅行、雅玩、雅集本来就是朋友间联络感情的纽带，更何况在大西南的偏僻一隅呢。朱自清应酬多，要搞研究、做学问、写文章，还要教书以及处理行政事务，但他也知道适当地放松心情，更有益于工作和创作，所以，他虽然对经常赴宴表示"日日如此，如何是好"，也不拒绝各种雅集和外出旅行游玩的机会。

1939 年 1 月 21 日、22 日两天，朱自清应徐绍谷邀请，几家人一起去温泉玩了两天。21 日这天是星期六，朱自清本来是接受沈从文邀请去吃饭的，可能是温泉的吸引力更大吧，又是一家人同往，便"辞去从文请"，而和"绍谷夫妇、潘君夫妇共游温泉"，还在朋友家吃了丰盛的西餐。22 日这天他们准备大玩一把，还借了两支猎枪去练习射击，"但起床太晚，枪主已来，徐只好把枪交还"。根据朱自清日记分析，这次游玩，有点"乘兴而来，败兴而归"的意思，可能是"潘先生夫妇必须回去参加十二时半梅校长的午宴会，故我们只能作短途步行，既未登山也未涉水"。游而不尽兴，当然是"对此很不满意"了。

1939年3月15日至18日，朱自清接连四天游兴不减，和陈岱孙、郑桐荪、陈福田、李继侗、浦江清、杨业治、金岳霖等多名教授学者，乘火车南下游玩，于15日当晚到达路南县，住在路南县民众教育馆里，第二天即游览了石林。朱自清在当天的日记里有较详细的记述，认为此处风景极美。17日去看大叠水，日记云："瀑布相当亮阔，池甚深。"朱自清一行在游玩中，也不误讲学，在尽情看了大小叠水后，晚上应邀在云南大学附中做了一场演讲，题目叫"语言文字训练问题"。这个内容是朱自清的学术专项，加上快乐旅行，讲得想来不坏。先后讲演的还有陈岱孙和李继侗等。这次旅游同行人之一的陈福田是美籍华人，1887年生于夏威夷，哈佛大学教育学硕士，1923年到清华执教，和朱自清是老同事，曾任清华大学外文系主任。1943年7月28日，朱自清日记云："下午进城，为福田、企孙、寿民举行欢送会和欢迎会，在榕园晚饭。"这里的"欢送"，即欢送陈福田回夏威夷探亲。朱自清有诗《送福田归檀香山》一首记之："檀岛风光异昔时，弥天烽火动归思。经年劳止如番卒，行见迎门影里儿。"该诗自注曰："福田二年未归，近得其儿摄影，顾硕如常。"

查阅那一时间朱自清的日记和书信，朱自清外出游玩的记录不少，如1939年6月18日，和吴晗一起，到晋宁县虾蟆村旅游，游览了盘龙寺、玉皇阁、万松寺等景点；1939年10月10日游海源寺；1939年12月17日，邀请吴达元夫妇、余冠英、霍士休等十一人游览了妙高寺，还搞了个野餐会，在旷野中小聚一回。妙高寺是大理国时期僧人广白所建，建筑精致，四周风景极佳，隐藏于昆明城西三华山白云深处，徐霞客曾游览过这里，并写下了美妙的游记文字。1942年7月7日，朱自清又偕闻一多、余冠英等再游黑龙潭。朱自清曾和陈竹隐、儿子乔森和二弟、三弟及余冠英等人一起游览过黑龙潭，一处景点反复畅游，可见黑龙潭对朱自清的吸引力了。但是这一次游览，还谈到了一个深刻的话题——死亡。朱自清的胃不好，时常犯病，有时一犯就是好几天，特别是一个月前，他看到联大生物教授吴蕴珍因胃溃疡开刀不治后的入殓仪式，更加担心自己的病情，所以，他在这次游览中，和余冠英在黑龙潭公园黑龙祠前小坐时，谈到了吴先生，也谈到了死。朱自清对余冠英说，人生上寿百年也还嫌短，而百年之内又做不出多少事来。余冠英看到朱自清在说到这里时，便异常的忧郁了。这年的8月2日，应陈福田之邀，和李继侗、陈岱孙、莫泮芹夫妇一起

朱自清（右二）与友人郊游合影

乘船游览了龙王庙。1942 年 9 月 24 日是中秋节上午，朱自清
在学校做了《中国文学批评》的演讲。下午，就和梅贻琦、陈
岱孙、李继侗到郊区小住，又夜访周培源，并且在月下饮酒赏
月，雅趣很足。这次中秋雅聚，是校长梅贻琦提议的，梅校长
在当天的日记中说："三点余约同陈李朱三君自行开车至高峣，
先到汤（飞凡）寓稍停，然后往龙王庙，汤君代驾车回，停于
防疫处。晚饭与培源夫妇等酒肴过节，惜月上即为云掩，未得
玩赏耳。与继侗宿于积翠闳楼上之东间，岱孙、佩弦宿西间，
中间则主人及三孩所居也。睡时四周静寂，唯湖边水波拍岸，

助人入梦耳。"梅贻琦的日记虽对赏月记之不多,而且月亮刚出来就被云彩遮掩。中秋而无月光,当然不能令他满意了。但有心的朱自清却深以为然,赏月只在形式,或在乎和谁赏月也,有月光无月光,无关大要,只要心中有月,月色便无处不在。所以,在中秋第二日,才有诗四首记之:

> 天南独客远抛家,容易秋风惜晚花。
> 佳节偶同湖上过,无边朗月伴清茶。

> 酒美肴甘即是家,古今上下舌翻花。
> 兴来那计愁千斛,痛饮卢仝七碗茶。

> 且住为佳莫问家,茫茫世事眼中花。
> 人生难得逢知好,树影围窗细品茶。

> 暂借园居暂作家,重阳节近忆黄花。
> 主人倪订登高约,布袜青鞋来吃茶。

朱自清在当天的日记里记道:"上午写诗四首。下午与梅、李同至倒石头散步。"这四首诗在编入《犹贤博弈斋诗钞》时,标题为"中秋从月涵先生及岱孙、继侗至积翠园培源寄居,次今甫与月涵先生倡和韵"，还加小标题"其一"至"其四"。在如此乱离之际，艰难时节，教授们赏月赋诗，正如陈平原先生所说："一是思接千古，慰藉平生；二是修养在此，积习难改；三是友情支撑，互相宽慰。至于'文学业绩'云云，恐怕不是其主要考虑的因素。"（《岂止诗句记飘蓬——抗战中西南联大教授的旧体诗作》）

至于旅行中的见闻和风景，朱自清也会时常在心中酝酿、打磨，一旦成形，便以旧诗的形式呈现出来，如《蜡梅，次公权韵》《忆曲靖至昆明车中观晚霞作》《游倒石头因忆石林，示同游诸子》等旧诗，就是这样写出来的。《游倒石头因忆石林，示同游诸子》中的倒石头，是昆明西山峭壁的俗称。石林，位于昆明南面的石林彝族自治县境内，是一个以岩溶地貌为主的风景名胜。这些游迹因长时期印在脑海中，加上诗情的碰撞，自然就会喷发出来。

除了游览风景名胜、自然景观，朱自清还积极参与联大的各种雅集聚会，比如在 1939 年 1 月 28 日日记里，记载了与浦薛凤等人成立了桥牌俱乐部一事，"成员有十二，明之、化成、逖生、心恒、无忌、江清、以颂、鸣岐、范景武及我自己"。浦薛凤在《太虚空里一游尘——八年抗战生涯随笔》一文中也有记载："商量结果，由明之佩弦商定社友如下……每星期六午后二时起，在各家轮流举行。非谓抗战流离之际，有此心绪，实

在烦闷苦恼之中，应该寻求稍许情绪出路而已。"1939 年 3 月
4 日又商定，每半月活动一次——可能是嫌聚会过于频繁了，
由每周一次，改为半月一次。朱自清日记中，常有打桥牌的记
录，如 1939 年 6 月 10 日，"参加明之的桥会，菜甚好"。7 月
1 日，"下午在家举行桥牌聚会，妻和女佣人很忙，但菜甚平
常"。7 月 16 日，"下午打桥牌"。7 月 23 日，"下午到谷家参加
桥会，饭菜甚好"。8 月 31 日，在家招待客人，饭后，"张太太
要打桥牌，玩两小时"。9 月 24 日下午，"自海源寺堤进城。参
加继侗桥牌会。在南丰吃晚饭，继侗作东，饭菜甚佳"。10 月
11 日，"王明之先生来访，与我们共进晚餐。饭后，我们饮福
田从海防带来的可可，并打桥牌。他十时半告辞。岱孙想继续
玩牌，故一直打到十二点半"，又说，"王谓吴先生等人的桥牌
双打技法太复杂"。从日记中看，虽然打桥牌的次数不是太多，
但也一直没有间断，可见朱自清兴趣不小。这里需要补记一笔
的是，桥牌俱乐部的主要提倡者之一的浦薛凤，因一直从事政
治教学，和王化成一起，被在重庆的国民政府调走任职。1939
年 2 月 27 日中午，朱自清设宴，为浦、王二位送行。

朱自清不仅喜欢打桥牌，对别的有趣事情也有新鲜感，如
1939 年 3 月 25 日朱自清就加入白马俱乐部。4 月 1 日那天，还
兴致很高地参加白马俱乐部的会议并去马厩看马。参加白马俱
乐部的初衷，大约和桥牌俱乐部一样吧，也是为"烦闷苦恼"

之际"寻求稍许情绪出路而已"。朱自清在这一时期的日记里，常有骑马的记录，对自己马术一点点的进步感到很开心。除了稍许"正规"的"俱乐部"，各种大大小小的聚会也时常参加，如音乐会、西洋画展、演讲会等，还观看各种文艺演出。1943年上半年，联大还成立了一个叫"十一学会"的松散形组织，"十一"为"士"的拆字，意为学问人组织的一个漫谈会。该学会主要为学人们各抒己见的场合，常以聚餐会或茶话会的形式举行。因冯至的家位置较适中，于是聚会就常在他家举行，时间不固定，每一周或两周举行一次，常去的西南联大教授、副教授有潘光旦、杨振声、雷海宗、闻一多、闻家驷、吴晗、冯至、卞之琳、李广田、孙毓棠、沈从文、罗常培等人。朱自清在上半年曾多次参加演讲会进行演讲。据冯至的儿子冯姚平在《父亲冯至在西南联大》一文中披露，该协会是杨振声建议的，主要宗旨为"互通声息"，后来才演化成一个学术沙龙。

至于各种邀请宴、聚餐会和欢聚闲谈及听演讲，在这一时期的朱自清日记中更是常有记载。

观看《原野》写剧评

1939 年 7 月 22 日晚上，朱自清参加了欢迎曹禺的宴会。

曹禺到昆明，和他的话剧《原野》《黑字二十八》有关。《原野》在重庆演出，获得了重大成功后，闻一多、凤子和国立艺专校长吴铁翼联名致函，邀请曹禺来昆明，并由曹禺本人亲自执导话剧《原野》和《黑字二十八》。可能也是在这次宴会上，朱自清邀请了曹禺临时担任文协昆明分会主办的暑期文艺讲习班的教员。同时担任教员的，还有朱自清和楚图南、冯素陶、施蛰存、顾颉刚等教授。朱自清在 8 月 1 日和 19 日都在讲习班授课，讲的是鲁迅的《药》和《复仇》等文章。这段时间里，曹禺一直在紧张地排戏。抗战期间，一切都是紧张而快速度的，在短短二十来天时间里，不仅排了《原野》，还排了抗战剧《黑字二十八》。

1939 年 8 月 19 日晚上,《原野》在新滇大戏院隆重上演了。朱自清受邀观看了演出。

　　《原野》是曹禺倾注心血写成的一部带有实验、探索意味的大型话剧,其中有些情节还吸收了美国著名戏剧家奥尼尔《琼斯皇》里的表现主义手法,给该戏增添不少神秘色彩。

　　《原野》分为序幕和一、二、三幕,情节较为简单,是一个传统意义上的"复仇"故事,讲的是一个叫仇虎的年轻农民,蒙冤入狱,为了复仇,费尽周折从狱中逃了出来,回到家乡,准备杀死害了他全家的地主焦阎王。让他没想到的是,焦阎王在他出狱前就死了。至此,剧情急转直下,进入另一个情境——仇虎和焦阎王的儿媳妇花金子偷情。到了第二幕,依"父债子还"的观念,仇虎杀死了焦阎王的儿子焦大星。但焦大星生性善良,甚至懦弱无能。仇虎因此产生心理谴责。杀人要偿命的,仇虎只能逃亡。在逃亡途中,穿过一片黑林子时,眼前出现幻觉,最后自杀了。从实验角度来讲,剧情气氛神秘、诡异而恐怖,具有相当的艺术感染力。而主角仇虎也是一个充满原始气息的野蛮人。可能曹禺也觉得该剧和抗战无关吧,这才又赶排了《黑字二十八》。

　　朱自清艺术欣赏水准相当高,在欧洲留学时,就多次观看西方戏剧,还买了不少西洋唱片,也有自己的判断标准,他在观看结束后,认为《原野》是一出好戏,但也有不足之处。在

《〈原野〉与〈黑字二十八〉的演出》（写于 1939 年 9 月 3 日，发表于 9 月 10 日出版的《今日评论》第 2 卷第 12 期）戏评中，朱自清首先肯定了这次演出的成功，认为"曹禺先生的戏，出演的成绩大家都知道的。再说，这回是他自己导演，也给观众很大的盼望"。但朱自清也认为，剧中的仇虎，"热情里藏着一双冷眼，这双冷眼是现代文明的表现"，又说，"中国像仇虎这样的身份的囚犯"，"怕还不能有这一双冷眼"。朱自清的批评是有道理的，也是中肯的，因为曹禺在戏剧里塑造的人物形象，或多或少带有他对西洋戏剧中的感悟和经验，带有个人理想色彩，《原野》里的花金子是这样，《日出》中的繁漪又何尝不是这样呢？但，无论如何，《原野》的演出相当成功。也是在这篇戏评里，朱自清还为《原野》和《黑字二十八》做了回"广告"："两个戏先后在新滇大戏院演出，每晚满座，看这两个戏差不多成为昆明社会的时尚，不去看好像短什么似的。"确实如朱自清所说，当时的昆明天天下大雨，《原野》连演九天后，又换演《黑字二十八》，同样也连演五天。五天后，《原野》又演五天，可见当时的盛况了。

《原野》让朱自清推崇的，可能还有一个原因，就是戏的舞美设计由他的好友闻一多担任。闻一多对如此重要的设计，动了不少脑子，先是在家里找来几个油桶、木箱、硬纸壳，摆来摆去，还征求夫人和孩子的意见，最后才绘出平面图，与曹禺、凤子、孙毓棠等一起研究，制定模型，再听取朋友的意见，真是费了很多心血。比如在仇虎逃跑一幕中，闻一多建议用许多黑色长条木板，错落有致地排列起来，演出时，让工作人员提着一盏红色小灯笼，在"森林"里穿来穿去，如此效果，在台下观看，有一种幽暗、深远、神秘和恐怖的气氛。从观众反应看，闻一多的舞美设计是成功的。不过朱自清也对《原野》做了善意的批评："在我自己，看到第二幕开幕时，觉得已经移入戏的氛围里，好像不在戏园子里似的。这种移情作用很有味。但是第三幕开幕以后，我却觉得渐渐失去了那氛围，又回到戏园子池座来。我们即使不能说第三幕的头三场都是多余，但至少可以说太多了一些。太多了，紧张的反而显得松懈了！"朱自清还建议说："我也想过，若是能有旋转的舞台，这三场的效果也许会好些。但是，有那么多的话，却没多少戏，即使有旋转的舞台，怕也紧张不了多少。"(《〈原野〉与〈黑字二十八〉的演出》)话多而戏少，就是矛盾冲突减弱了。话剧是在舞台上呈现的，每隔三五分钟就要有吸引观众的包袱，否则，观众会从剧情中出来，这是喜欢看舞台剧的观众的共识。

看过了《原野》，朱自清又于1939年8月26日在和沈从文、杨振声一起商定教科书第一、二册目录后，于晚上和沈从文一起去看了《黑字二十八》。那时候的沈从文，小说之名已经响彻大江南北了，有的学生报考西南联大，就是冲沈从文去的，比如后来成为著名作家的汪曾祺先生。沈从文能去看话剧，不仅出于他是一个文学工作者具有的好奇心，也是要近距离地欣赏曹禺这部舞台剧的魅力。

《黑字二十八》是曹禺在 1938 年和宋之合写的四幕话剧，题材比较直接，是一部配合戏剧服务于抗战的现实题材的戏。朱自清对这部戏的评价是"另出手眼的"。又说："《原野》里的哲学，不论表现了多少，它可是悲剧，觉得沉重些。《黑字二十八》所暗示的是大家都会接受的抗战的信仰。"不过，朱自清也对这部戏提出了善意的批评："这个戏注重故事的场面，不注重人物的性格；戏里似乎没有个性，只有类型。"

朱自清和曹禺的《原野》这层关联，还一直延续着，到了 1948 年 4 月 24 日、25 日两天，清华剧艺社在清华大礼堂公开演出《原野》时，"演出介绍"居然出自大名鼎鼎的朱自清之手，他再一次中肯而高度地评价了《原野》："闻一多先生设计《原野》的时候（在战时的昆明联大），将那些神怪的部分，酌量删掉了许多。但是曹禺先生总要求保留些（当时《原野》是曹禺亲自导演的），闻先生终于做到适可而止。作为观众之一的我，已经感到了恐怖的气氛，运命的悲剧。这是一种诗的氛围，诗的力量，这种力量，表现在焦大妈身上最多，其次是在仇虎的身上。自然，这种表现是配合着闻一多先生的恰如其分的设计的……"能在如此忙碌中，还为清华剧艺社的同学力推该戏，也说明这部著名话剧还深深地印在朱自清的心中，尽管相隔了近十年。

关怀沈从文

　　1939年6月6日这天，朱自清出席联大教师节聚餐会。朱自清平时是能喝些酒的，学校聚餐会上可能没有酒，即使有，也不像朋友间的聚会，可以痛饮。所以朱自清还很有兴致地参加了餐会后举行的游艺会。

　　朱自清性格较为内敛，做事有条理，讲规章，就算聚餐会和游艺会这样热闹的活动，也没能耽误既定的工作——他在这天完成了一篇历时两日的论文《论"以文为诗"》。完成了手里的工作，心情自然不坏。在聚餐会上，遇到了好友杨振声，几句随意的交谈之后，杨振声做了有可能影响此后中国文学发展的一件大事——向朱自清推荐他的另一好友沈从文，意欲把沈从文安插进清华大学教书。朱自清在当天的日记中写道："今甫提议聘请沈从文为师院教师，甚困难。"这句话有两个关键点，一是"今甫提议",二是"甚困难"。

先说"今甫提议"。今甫就是杨振声,和朱自清曾是清华大学的老同事。杨振声还担任过清华大学教务长、文学院院长兼国文系主任,也是朱自清的直接领导。早在 1930 年 6 月,杨振声因要赴青岛筹备青岛大学并任校长,辞去了在清华的一切职务。这年的 6 月 2 日晚上,朱自清专门设宴,为杨振声饯行,还请了吴宓等好友作陪。可见朱、杨关系非同一般。杨振声在青岛大学任职期间,曾到上海去延揽教员。已经在文学上树立独特风格的沈从文和杨振声早已经相熟,杨振声也找到了在中国公学任教的沈从文,希望他离开中国公学,到青岛大学任教。当时沈从文热烈追求苏州大户张家三小姐张兆和,追求未果,正处在半失恋中,也想换换环境,便答应了杨振声。1930 年 6 月 29 日,沈从文到中国公学校长胡适家,说明自己的想法。胡适不同意沈从文离开,也知道他追求张兆和没有得到回应而深深苦恼,劝沈从文留下,并表示,如果张兆和是因为家庭原因拒绝的话,愿意帮助沈从文。沈从文教完暑期课程后,还是写信给胡适,表示已经拿了青岛大学的路费,不好意思违约。但后来沈从文并没有去青岛大学(尚在筹备中,开学较晚),而是经胡适与徐志摩介绍,到武汉大学去教书了,直到 1931 年 8 月才到青岛大学任讲师,开设的课程有"中国小说史"和"高级作文课程"。一年后的 1932 年 9 月,青岛大学改名为山东大学，杨振声不愿意与官僚应酬，到北平主持一项编纂中小学教科书的工作。沈从文也于 1933 年 7 月辞去青岛大学教职，追随杨振声到北平协助其编纂工作。这是一项长期工作，一干就是数年。北平沦陷后，杨振声也按教育部通知，率编纂人员随梅贻琦等一同南下，在武汉和长沙继续编纂教科书，后转向昆明。在不断转移中，沈从文都在其列。到了 1939年 3 月，编写教科书工作逐渐进入尾声，沈从文等编写的国文教科书书稿上交到教育部。而这时候，教育部已安排梁实秋等人另编适合抗战需要的教材。这时候的沈从文，就面临着再就业的问题。沈从文是杨振声的老部属，此时杨振声当然要为沈从文的生计着想了。

1939 年 4 月 9 日，沈从文和杨振声一起宴请朱自清，还邀吴有训夫妇作陪。大约就在这时候，杨振声已经有意要把沈从文介绍到清华大学了。而沈从文知道自己的小学学历一直不受大学规定的待见，早就有了多种打算，5 月 15 日在给沈云麓的信中说：编纂教科书的"工作年底即告结束，将来必不继续。预计可作数种生活法，或编报，或教书，或上前方到任何一军去看看，或回乡下住下来，写点文章"。沈从文这里所说的乡下，是指不久前搬到的滇池边上的呈贡县龙街，租住的房子是当地姓杨的大盐商家前楼的两间正房。沈从文很喜欢这里，从房中窗户望出去，美丽的滇池和西山风光尽收眼底。沈从文闲暇时喜欢躺在草地上看浮云变化，思索人生，《云南看云集》里的许多哲理散文，就是这一时期的写作成果。沈从文的"数种生活法"之一便是写文章，这时候他已经身体力行了。

再说"甚困难"。杨振声给部属沈从文介绍工作，而沈从文和朱自清也是朋友，朱自清还是清华中文系主任兼联大师大中文系主任，为什么"甚困难"呢？大约也有两层原因。一是沈从文的小说家身份。在社会上，沈从文的名气已经够响亮的了，青年知识分子都喜欢他，他的书也一本接一本地出版，还兼做报社的文艺编辑，和胡适、徐志摩、陈西滢等也交谊很深，但在大学里却不被待见。就说他在武汉大学期间吧，也数次隐约地表示对地位的不满，比如1930年10月2日，在致沈云麓的信中说，"我的文章是谁也打不倒的，在任何情形下，一定还可以望它价值提起来"，"将来是可以希望一本书拿五千版税的"。还有一件事也很能说明问题，胡适和陈西滢等著名学者都鼓励沈从文多读书。据说陈西滢还劝他学英语，并跟他说，学好了，保证介绍你去英国读书。这些话，听起来是关心，实质上还是说他学问根基不深。二是朱自清虽然是中文系主任，但上面还有一个文学院院长，院长之上还有校长，聘任教师这等大事，恐怕也是朱自清做不了主的。但是，朱自清又非常想帮这个忙。朱自清早就知道沈从文的文名，二人相识相交较晚，大约是在1930年。沈从文在《不毁灭的背影》里说："我认识佩弦先生本人时间较晚，还是民十九以后事。"朱自清在日记里第一次提到沈从文，是在1933年1月1日，日记说："赴今甫招，座有沈从文君，又有梁思成君夫妇。"这次应招，应该只是朋友间的闲谈，众所周知，杨振声十分欣赏朱自清，朱自清逝世后，杨振声在《为追悼朱自清先生讲到中国文学系》一文中说朱自清是朋辈的"益友"，是青年的"导师"，是"领导中国文学系所走的一个新方向"的"一座辉煌的灯塔"。这些话虽然是"逝世后的评价"，也并非虚言，应该是杨振声的真实心声。所以，杨振声受命编纂教科书后，也拉朱自清参与。这样，朱自清和沈从文见面和交往的机会就多起来了。朱自清在1934年12月14日日记中写道："沈从文先生来访，给我看杨的信。信中说当局已同意我协助编辑中学语文课本。……他说他曾与冯友兰磋商，根据冯的意见，他们只能每月付我一百元，每周工作半天，张子高已有先例。我告诉沈我将于下周进城与冯商谈。"这里的当局，指学校，冯友兰是当时的清华大学文学院院长，所以杨振声才要和冯磋商。到了西南联大，特别是和沈从文成为同事之后，朱自清和沈从文关系更为融洽，朱自清的日记中，有数次和沈从文交往的记录，如1939年12月21日日记："访沈从文先生并与他一同阅一年级试卷。……在沈宅晚餐。"1940年1月25日日记："访沈从文先生，找到了三名学生的卷子，交给他五十份试卷。沈夫人做酒酿鸡蛋，我

西南联大时期的沈从文

感到很新鲜，味道也好。"另据吴世勇先生编纂的《沈从文年谱》载，1946年2月4日，朱自清到沈从文家拜年，并在沈家吃了午饭。从这些交往中，都说明朱自清和沈从文有着深厚的友情，而且这种友情延续下来的，是对沈的能力也非常了解。所以，这次对于沈从文的工作，虽然深感"甚困难"，这个忙，他还是要帮的。

1939年6月6日以后，朱自清为沈从文的工作费了不少心思，7日，朱自清把前一天写就的论文《论"以文为诗"》交给沈从文，让沈从文编辑发表。12日早上，朱自清去找罗常培，商量聘请沈从文到清华大学任教一事。在这天的日记中，朱自清说："访莘田，商谈以从文为助教。"这"助教"与杨振声托找的"教师"，有较大出入。"教师"是个泛称，可以指讲师，也可以指副教授或教授。而"助教"就是特指。也就是说，朱自清把杨振声的"提议"打了折去找罗常培的。这可能也是朱自清出于保险起见的一种策略。朱自清做事一向讲规矩，当年为俞平伯加薪事，他也颇费思量。这次当然也不例外了。商量的结果是准备聘沈从文为师院讲师。"讲师"比助教要高一截，但依然不是副教授，怕和沈从文的预期有距离。1939年6月16日朱自清专程拜访沈从文，告诉沈这一结果。朱自清在当天的日记中写道："从文同意任联大师院讲师之职务。"虽然没有多余的话，但从字里行间，能感受到，朱自清心里的一块石头终于放下来，"讲师之职务"沈从文同意了，而且没有抱怨。然而，事情到了6月27日，出现了大的反转，国立西南联合大学常务委员会第111次会议通过决议："聘沈从文先生为本校师范学院国文系副教授，月薪贰佰捌拾元，自下学期起聘。"（《国立西南联合大学史料》，1998年云南教育出版社出版）从月薪上看，这个待遇不低，因为同为副教授的唐兰，工资是240元，就是教授的王力，也不过320元。所以，沈从文在副教授当中，工资是高的了。那么，在短短十来天时间后，出现这次反转，是不是杨振声、朱自清、罗常培等人从中又做了校方的工作？或是文学院院长冯友兰也觉得讲师不妥，沈从文在文学上的名气毕竟在青年学生中颇有号召力，在提交应聘名单时临时改动就不得而知了。有不少史料认为沈从文一开始就是出任西南联大副教授的。严格地讲，此话没错，因为要从聘书算起。但先前的小插曲，却也有些特别的意味。

在西南联大的那段艰难岁月中，朱自清和沈从文的关系一直相当不错，吴世勇先生编纂的《沈从文年谱》中，有多次记载朱自清到沈家拜访的经历。

朱自清不但为沈从文的工作费了心思，还为沈从文抱过一次不平。此事要从另一位大师钱锺书的一篇小说《猫》说起。沈从文和钱锺书交往不多，钱锺书在西南联合大学任教的时间不长，从1938年10月下旬到外文系执教，到1939年暑期离开，不到一年时间。钱锺书在昆明时期和沈从文如何交往，不见记载。更年轻的钱锺书肯定知道沈从文的文名，同在一所学校，就算见过面，大约也印象一般。钱锺书在上海孤岛那段时间里，无事可做，以写小说打发时光，短篇小说《猫》就是在那一时期问世的。《猫》里影射不少文艺圈里的名流，在1946年发表后，就引起文艺圈的小小议论。朱自清自然也看到了这篇小说，他在1946年5月6日的日记中写道："读钱锺书的《猫》一文，就现时而论，此文过于玩世不恭。"朱自清和钱锺书交往，最晚是在1934年春，这年的4月6日，朱自清应吴宓的邀请去他家陪宴，在座的就有吴宓的学生钱锺书。而朱自清还曾得到过钱锺书父亲钱基博的褒奖，那是更早的 1933 年 10 月 22 日，钱基博赠书二册给朱自清，还在其中的一本上题字，曰："十年不见，每一念及短小沉默近仁之器，辄为神往。"朱自清还颇爱此数语。此外，朱自清还一直想请钱锺书到清华中文系任教，1934 年 6 月 19 日晚上，在出席梅贻琦为文学院师生举行的茶话会上，朱自清找文学院代院长蒋廷黻，商谈欲聘钱锺书来中文系教书，没有谈成，后来又多次商谈，终是未成。从这件事情上，至少说明朱自清对钱锺书的能力是认同的。钱锺书的小说《猫》一经发表，朱自清一眼看穿了小说中的"玩世不恭"的态度，主要一点，就是小说里有一个人物，身份是作家，名叫曹世昌。从曹世昌的相貌和言行来看，基本上就是沈从文的特写：

> 举动斯文的曹世昌，讲话细声细气，柔软悦耳，隔壁听来，颇足使人误会心醉。但是当了面听一个男人那样软绵绵地讲话，好多人不耐烦，恨不得把他像无线电收音机似的拨一下，放大他的声音。这位温文的书生爱在作品里给读者以野蛮的印象，仿佛自己兼有原人的真率和超人的凶猛。他过去的生活笼罩着神秘气氛。假使他说的是老实话，那么他什么事都干过。他在本乡落草做过土匪，后来又吃粮当兵，到上海做流氓小弟兄，也曾登台唱戏，在大

饭店里充侍者，还有其他富于浪漫性的流浪经验，讲来都能使只在家庭和学校里生活的青年摇头伸大拇指说："真想不到！""真没得说！"他写自己干这些营生好像比真去干它们有利，所以不再改行了。论理有那么多奇趣横生的回忆，他该写本自传，一股脑儿收进去。可是他只东鳞西爪，写了些带自传性的小说；也许因为真写起自传来，三十多岁的生命里，安插不下他形形色色的经历，也许因为自传写成之后，一了百了，不便随时对往事作新补充。他现在名满文坛，可是还忘不掉小时候没好好进过学校，老觉得那些"正途出身"的人瞧不起自己，随时随地提防人家损伤自己的尊严。蜜里调油的声音掩盖着剑拔弩张的态度。因为地位，他不得不和李家的有名客人往来，而他真喜欢结识的是青年学生，他的"小朋友们"。这时大家讲的话，他接谈不来，憋着一肚子的嫉妒、愤怒、鄙薄，细心观察这些"绅士"们的丑态，有机会向小朋友们淋漓尽致地刻画。

沈从文是小说家，当然知道小说家那点小伎俩了，巴不得有人对号入座呢。但沈从文是不会介意的，最多一笑而已。朱自清却有点耿耿于怀了。这也符合朱自清的性格。所以才在日记里记了一笔，也是出于对沈从文的同情吧。

多年以后，沈从文在朱自清逝世后写作的《不毁灭的背影》，深情地回忆和朱自清的交往："……佩弦先生的住处一面和温特教授小楼相对，另一面有两个窗口，……就在那么一种情形下，《毁灭》与《背影》作者，站在住处窗口边，没有散文没有诗，默默地过了六年。这种午睡刚醒或黄昏前后镶嵌到绿阴阴窗口边憔悴清瘦的影子，在同住七个老同事记忆中，一定终生不易消失。"又称朱自清是"君子"，说"佩弦先生人如其文，可爱可敬处即在凡事平易而近人情，拙诚中有妩媚，外随和而内耿介，这种人格或性格的混合，在做人方面比做文章还重要。经传中称的圣贤，应当是个什么样子，话很难说。但历史中所称许的纯粹的君子，佩弦先生为人实已十分相近。"又说，"其为人也，温美如玉，外润内贞"。沈从文描写的地方是昆明北门街 71 号唐家花园。这只是朱自清的单身宿舍之一，朱自清每周二至周五住在这里，其他时间则住距昆明二十里的司家营 17 号清华文科研究所里。

学生汪曾祺

　　朱自清在西南联大的学生很多，取得大成就的学生也很多，但汪曾祺这个学生却有些特别，一是汪曾祺和朱自清算得上同乡，二是汪曾祺在联大没拿到毕业文凭，三是汪曾祺在文学创作上取得的成就重大，横跨中国现、当代文学史，评论家称他为"被遮蔽的大师"。（王干《被遮蔽的大师》,《山花》2015年第1期）

　　汪曾祺家乡江苏高邮。高邮在历史上一直属于"扬州地"。汪曾祺在江阴高中还没有毕业，就成为流亡学生，后又在几所高中借读，于1939年夏，从上海乘船，经越南，历经艰难到达昆明。其时，西南联合大学和多所国立大学统一招生，报名日期为7月25日至30日。汪曾祺的第一志愿就是西南联合大学。他在投考的时候，沈从文已经被聘为联大师院副教授。汪曾祺在 1988 年写作的《自报家门》里说:"不能说我在投考志愿书上填了西南联大中国文学系是冲着沈从文去的,我当时有点恍恍惚惚,缺乏任何强烈的志愿。但是'沈从文'是对我很有吸引力的,我在填表前是想到过。"汪曾祺读初中时,作文都是"甲上",这是最高评分了。在读高中时,就爱读小说,也是在《自报家门》里,说他在读高二时,随家人在一个小庵躲避战火,"只带了两本书,一本《沈从文小说选》,一本屠格涅夫的《猎人笔记》。说得夸张一点,可以说这两本书定了我的终身。这使我对文学形成比较稳定的兴趣,并且对我的风格产生深远的影响。我父亲看了沈从文的小说,说:'小说也是可以这样写的?'"也许就是这时候,汪曾祺开始立志写作,从后来他的"小说是不像小说"的散文式风格看,早就是受了沈从文的影响,对沈从文推崇备至。所以,他在填报第一志愿时,想到沈从文,完全在情理当中,就像我在几年前,去清华大学寻访朱自清、俞平伯的踪迹,一进清华突然想到,哦,著名小说家格非是清华大学的教授。汪曾祺联想到沈从文而没有想到别的教授,比如没有想到也是新文学诗人、作家、资格比沈从文更老的朱自清,完全是个人性情决定的。这次考试,对汪曾祺来说,也有点惊心动魄,因为考试前他还病着,在医院打针,是拔了针就去考场的。

那么,在汪曾祺入学考试前后的这段时间里,朱自清在忙什么呢?

1939 年夏天,朱自清担任了中华全国文艺界抗敌协会昆明分会举办的暑假文艺讲习班教员,给学员讲授写作课。

中华全国文艺界抗敌协会昆明分会的前身是云南文艺工作者座谈会。理事会成员有穆木天、朱自清、施蛰存、沈从文、冯素陶、楚图南、顾颉刚、彭慧、陆晶清、冯至、谢冰心、杨季生、刘惠之、张克诚、徐嘉瑞等。分会指定罗铁鹰、雷石榆负责诗歌组,马子华负责小说组。两组多次就文艺问题召集讨论会。1939 年 1 月 8 日改选理事,由于穆木天、朱自清、施蛰存、沈从文是文协总会理事,他们四人也成为分会的当然理事。1939 年 5 月 4 日,文协昆明分会正式成立,朱自清和杨振声等人负责分会工作。6 月 12 日下午,朱自清去找魏建功和罗庸,商量文协昆明分会暑期讲习班的事。6 月 14 日,又确定给文艺讲习班授课的四名教员,朱自清、闻一多、罗庸和魏建功。7 月 22 日,朱自清给文协昆明分会写信,接受分会请朱自清讲课的题目。

1939 年 7 月 25 日,暑期文艺讲习班开课,共招收文艺青年 40 多人,开设文艺基本原理、现代文艺思潮、写作方法、民间文艺、抗战文艺工作等系列讲座。除了上面提到的朱自清、闻一多、魏建功、罗庸外,还有楚图南、冯素陶、彭慧、施蛰存、曹禺、顾颉刚等主讲。朱自清主要负责作品讲读课。8 月 1

日，朱自清讲鲁迅的《药》和《复仇》。8月17日、19日几天，朱自清都到讲习班授课。

就在文艺讲习班开课之时，汪曾祺正在昆明，如果他知道有这个班，说不定也会成为四十名学员之一的。

1939年8月21日那天，朱自清继续到讲习班授课，这次他出了八道题，请讲习班的同学们答，只有几人答出。朱自清认为这班学生"水平不高"。如果汪曾祺也在这个班，不知他的答题能否令朱自清满意。朱自清到底是个负责任的老师，两天后，他把学生回答的问题归纳起来，进行认真的讲解。

再回到8月13日，入学考试的试卷摆在了阅卷老师的案头，朱自清等教授阅评本年度中文系入学考试试卷，结果如汪曾祺所愿，他的各科成绩不错，被西南联大录取。公布结果时，汪曾祺排第四名。这算得上朱自清和汪曾祺的第一次间接接触。

这时候，朱自清是清华中文系主任，兼联大师范学院国文系主任，1939年8月4日还当选为1939年度教授会书记，主持系政十分繁忙，还要给暑期文艺讲习班授课，多次和杨振声、沈从文商定教科书第一、二、三、四等册的目录，出席清华聘任委员会会议和评议会会议等各种大小会议，拜访、接待茅盾、曹禺等文化名人，如8月31日这天就接连拜访了王力夫妇和梁思成夫妇，又接待顾颉刚等人的来访，此外，他个人还要写作、写信、备课、做研究，可谓日理万机。

1939 年度第一学期开学是在 10 月 2 日。4 日上午，汪曾祺在西南联大新校舍参加了始业式及精神总动员。

本学期，朱自清开设的课程是"大一国文"两种（一、二），还有"国文作文"等课。"大一国文"是和沈从文合开的，该课是一年级的必修课，分"读本"和"作文"。汪曾祺在《晚翠园曲会》里说："'大一国文'课的另一个特点是教课文和教作文的是两个人。教课文的是教授，教作文的是讲师、教员、助教。……我的作文课是陶重华先生教的。""大一国文"这本教材，对汪曾祺影响很大，而这本书的选编者，是由杨振声主持的"大一国文委员会"主导选编的，朱自清、罗常培等参与，收白话文学作品十三篇，有鲁迅的《狂人日记》《示众》，徐志摩的《我所知道的康桥》(节选)，朱光潜的《文艺与道德》《无言之美》，林徽因的《窗子以外》等。多年以后，汪曾祺在《西南联大中文系》一文中回忆说："语体文部分，鲁迅选的是《示众》。选一篇徐志摩的《我所知道的康桥》。更特别的是选了林徽因的《窗子以外》。"汪曾祺对入选林徽因的文章感觉"更特别"，可能是当时林在新文学界并无影响、此文也并不出众吧。

1939 年 11 月 14 日，西南联大常委会决议，同意朱自清辞去中文系主任及联大师院国文系主任职务，两职务均由罗常培暂代。

朱自清在汪曾祺读大二那年，休了一年带薪研究的长假。汪曾祺整整一学年没有听朱自清的课。这个时候，汪曾祺开始写文章，小说、散文、诗歌都写，沈从文会把他的文章推荐到一些报刊发表。汪曾祺自己也会投稿，还参加了学校的文学社团"冬青社"，是"冬青社"的活跃分子。更是常和好同学一起讨论文学创作，会在泡茶馆的时候，读书写文章。汪曾祺在《泡茶馆》一文中说："我最初的几篇小说，即是在这家茶馆里写的。茶馆离翠湖很近，从翠湖吹来的风里，时时带有水浮莲的气味。"巫宁坤在《西南联大的茶馆文化——纪念西南联大建校七十周年》一文中也说到他和汪曾祺、赵全章一边泡茶馆一边读书写作的事："曾祺读中文系，我和全章读外文系。碰巧三人又同住一幢宿舍，又都爱好文艺，朝夕过从。每天课后，我们仨就各自带上两三本书、钢笔、稿纸，一起去泡茶馆。我们一边喝茶，一边吃'花生西施'的五香花生米，一边看书，多半是课外读物，或写点儿什么东西。茶馆就是我们的书斋。谁写好一篇东西，就拿出来互相切磋。曾祺第一篇小说的文采就让我俩叹服。……我们最初的习作都是在这家茶馆里泡出来的，投给《中央日报·文艺副刊》，居然一篇篇小诗小文都陆续登出来了。"汪曾祺在文学上的天赋，得到了老师沈从文的赞许，沈从文在致施蛰存的信中说："新作家联大方面出了不少，很有几个好的。有个汪曾祺，将来必大有成就。"

汪曾祺大三这年，朱自清一年休假研究期满，回到联大，他的课有"散文研究"和"历代诗选（宋）"。汪曾祺修习了朱自清的"宋诗"课。在散文《新校舍》里，汪曾祺说："朱自清先生教课也认真。他教我们宋诗。他上课时带一沓卡片，一张一张地讲。要交读书笔记，还要月考、期考。我老是缺课，因此朱先生对我印象不佳。"在《忆西南联大中文系》里也说了类似的话："比较严一点的是朱自清的'宋诗'。他一首一首地讲，要求学生记笔记，背，还要定期考试，小考，大考。"

　　朱自清讲宋诗，这是他在联大的"拿手课"之一，用的讲义是他自己精心编写的《宋诗钞略》，铅印本，白文，无标点无注释。那么，朱自清讲宋诗讲得怎么样呢？他的学生季镇淮在《纪念佩弦师逝世三十周年》里有描写，他说，有一次，朱自清讲课，他先在黑板上写下两首七律，一首是刘长卿的《送李录事兄归襄邓》："十年多难与君同，几处移家逐转蓬。白首相逢征战后，青春已过乱离中。行人杳杳看西月，归马萧萧向北风。汉水楚云千万里，天涯此别恨无穷。"另一首是苏轼的《和子由渑池怀旧》："人生到处知何似？应似飞鸿踏雪泥。泥上偶然留指爪，鸿飞那复计东西。老僧已死成新塔，坏壁无由见旧题。往日崎岖君记否？路长人困蹇驴嘶。"对这两首诗的讲解，朱自清开始没有写下题目和作者，而问学生看了这两首诗有什么样的感觉：哪一首习见，熟一些；哪一首不习见，生一些。当时，季镇淮说"头一首熟一些"，朱自清称"是"。接着才开始讲唐宋诗的区别。朱自清说："这两首诗内容相同，都是讲离别的。但意味不同；前者就是抒发感情，后者则讲出了一些道理。唐诗主抒情，宋诗主说理；唐诗以《诗风》为正宗，宋诗则以文为诗，即所谓'散文化'。"应该说，朱自清这种讲课风格是十分严谨和有效的，便于学生理解和运用。季镇淮和汪曾祺一样，也讲到了朱自清上课的严格："先生逐句讲解，根究用词用事来历，并随时指点在风格上宋诗与唐诗的不同。也常令学生先讲解，而后先生再讲。因此，在上课之前，学生莫敢不自行预习准备。上课的时候，大家就紧张起来，怕被先生叫起来先讲。定期进行考试，则注重默写和解释词句。"朱自清的另一个学生吾言，也曾回忆说：朱先生"匆匆走到教案旁，对我们点了点头，又点过名，便马上分条析理地就鲁迅及《示众》文本的思想内容和形式技巧各方面提出问题，逐一叫我们表示意见，而先生自己则加以补充，发挥。才一开始，我的心在卟卟乱跳，唯恐要在这许多陌生的同学前被叫起来，用还没有学好的国语艰难地道出我零乱的思想来。然而不多一会，我便忘掉了一切，顺着先生的指引，一步一步地终于看见了作者的所见，感受到作者的所感受"吾言还评价朱自清"不是敷衍着把课文匆匆读一遍了事"，或是"叙述作者生平的琐事逸闻，尤其是无关大体的所谓'好玩'的琐闻，然后说：'课文你们自己读罢，我没什么好讲的"，或是"充其量也不过金圣叹式的评点，叫你全得不着要领"。朱自清认真的讲课形式，也引起个别同学的"不满"，说"大考，小考，练习，报告做个没完的，选过他的课都大叫吃不消。并且分数抠门得很"。然而自然也有像吾言这样好学的学生，在三四年级的选修课目里，吾言选修了朱自清的"文学批评"，没想到选这门课的一共只有三个人。"虽然只有三个人，先生还是每堂必在点名册上作记号"。(吾言《忆朱自清师》)

另有一例，也足见朱自清的认真，据朱自清的日记载，1939年11月13日晚上，他的学生周贤模来访，朱自清说："要求我证明同意他注册为二年级学生，以便让注册处发还文凭。答应他明天上午我值班时写一便条。他坚持要亲自把条子送到注册处去，我断然拒绝了他，并要求他设法端正自己的思想。他说：'那是我自己的事！'我说：'那好，你走吧，明天上午九点钟到办公室找我。'于是，他就发起火来，说：'我的朋友告诉我你过去是个穷学生，现在到了社会最上层，就像刘邦登上皇位后，不愿听到自己青年时代的清寒一样。你讨厌我，你知道刘邦是个市侩！'此时我警告他，他在污辱教师，我要写报告给最高校务委员会处罚他。但他说：'好，我也要给他们写！'这时他放肆地问我：'你通知我将转入三年级，为什么我来后把我放入二年级？你们大学规定每个学生每年的学分是四十分，为什么你答应给我四十三分？'我说我不愿意回答他的问题并请他出去。但他悍然拒绝。李其同让他保持办公室安静，就进行干预，他心犹不甘，最后离去，并说：'黑暗！黑暗！等着瞧吧！我要让你看看颜色。'我把整个事回想一下，感到问心无愧，除了有一次对他过于苛刻。应该对学生和蔼一些。"如果这位周贤模同学所说没错，朱自清确实严格得有些过了头，说好"转入三年级"，为何又"放入二年级"？别人修的学分都是四十分，为什么他是四十三分？当然，周同学把老师比作刘邦显然犯了大忌，引起了朱自清的恼怒。这件事情的结果是，朱自清果然写了材料给学生注册处和最高校务委员会，结果是，第二天，周贤模同学被勒令退学。又过五六天，朱自清接到周贤模的信。这封信让朱自清一夜失眠。到了这个月的月底，有人告诉朱自清，周贤模给校务委员会写了一封长信。朱自清在日记里说："上周以来，周贤模的事情一直不能忘怀。"

大学里有大学里的规矩，朱自清虽然"问心无愧"，但也承认对个别学生过于"苛刻"。

汪曾祺缺课多，也可能与朱自清教学的严格、刻板有关。汪曾祺随心、散漫，喜欢自由自在的生活，包括在学习中。他喜欢写作，就爱听沈从文的课。也喜欢听文采飞扬的闻一多的课，对闻一多在课堂上的潇洒特别欣赏，在《闻一多先生上课》一文里说:"闻先生打开笔记本,开讲:'痛饮酒,熟读《离骚》,乃可以为名士'。"汪曾祺印象特别深,还说"能够像闻先生那样讲唐诗的,并世无第二人"。汪曾祺还喜欢听罗庸的课,称他的课很"叫座","罗先生上课,不带片纸。不但杜诗能背写在黑板上,连仇注都背出来"。汪曾祺对闻一多、罗庸等老师讲课风格的欣赏,也是他的性情决定的。所以,听朱自清严谨、严肃而带有学术研究并略显枯燥的课,自然感觉没劲了,何况还"大考、小考、报告"不断呢。汪曾祺学得不好,或考得不好,朱自清对于这样的学生"印象不佳"也就不奇怪了。

汪曾祺本应于1943年6月毕业,但由于体育和大二英文成绩不合格,汪曾祺没能拿到文凭如期毕业。

汪曾祺在新时期文坛成名后,写过很多西南联大的旧人,关于沈从文的就有《沈从文先生在西南联大》《沈从文和他的〈边城〉》《星斗其文,赤子其人》等好几篇,也写过《闻一多先生上课》,写过《金岳霖先生》,写过《唐立厂先生》(唐立厂就是唐兰),只在《新校舍》《忆西南联大中文系》等文章里稍带几笔朱自清。另外,在散文《人间幻境花果山》里,说了句"我曾听朱自清先生说过,淮安人是到了南阁楼就要修家书的"这样无关轻重的话。

不过,汪曾祺也写过一篇读书随笔《精辟的常谈——读朱自清〈论雅俗共赏〉》，可以称得上是一篇专论，这是一篇只有几百字的短文，汪曾祺从自己的角度，对朱自清的《论雅俗共赏》和《经典常谈》做了简明而精准的解读：

> 朱先生这篇文章的好处，一是通，二是常。
>
> 朱先生以为"雅俗共赏"这句成语，"从语气看来，似乎雅人多少得理会到甚至迁就着俗人的样子，这大概是在宋朝或者更后罢"。这说出了"雅俗共赏"实质，抓住了中国文学发展的一个关键。
>
> 朱先生首先找出"雅俗共赏"的社会原因，那就是从唐朝安史之乱之后，"门第迅速地垮了台，社会的等级不像先前那么固定了，'士'和'民'这两个等级的分界不像先前的严格和清楚了，彼此的分子在流通着，上下着，而上去的比下去的多"，上来的士人"多少保留着民间的生活方式和生活态度"，他们"要重新估定价值，至少也得调整那旧来的标准与尺度"。"雅俗共赏"似乎就是新提出的"尺度和标准"。这是非常精辟的、唯物主义的分析。
>
> 朱先生提出语录、笔记对"雅俗共赏"所起的作用。
>
> 朱先生对文体的由雅入俗作了简明的历史回顾，从韩愈、欧阳修、苏东坡到黄山谷，是一脉相承的。黄山谷提出"以俗为雅"，可以说是纲领性的理论。

从诗到词，从词到曲，到杂剧、诸宫调，到平话、章回小说，到皮黄戏，文学一步比一步更加俗化了。我们还可以举出"打枣竿""桂枝儿"之类的俗曲。这是文学发展的必然趋势，任何人也奈何不得。

这样，"有了白话正宗的新文学"就是水到渠成、顺理成章的事。

其后便有"通俗化"和"大众化"。

朱先生把好几百年的纷纭复杂的文学现象捋出了一个头绪，清清楚楚，一目了然，一通百通。朱先生把一部文学史真正读通了。

朱先生写过一本《经典常谈》。"常谈"是"老生常谈"的意思。这是朱先生客气，但也符合实际情况：深入浅出，把很大的问题、很深的道理，用不多的篇幅、浅近的话说出来。"常谈"，谈何容易！朱先生早年写抒情散文，笔致清秀，中年以后写谈人生、谈文学的散文，渐归简淡，朴素无华，显出阅历、学问都已成熟。用口语化的语言写学术文章，并世似无第二人。

《论雅俗共赏》是一篇标准的"学者散文"，一篇地地道道的 Essay。

不知为什么，我总觉得这篇短文，是汪曾祺的"平衡"之作。按说，没有根据是不应该想当然的，不应该妄加猜测的，但我还是"总觉得"。在写过沈从文、闻一多、金岳霖、唐立厂等老师之后，不写一篇朱自清说不过去，这才有这篇《精辟的常谈——读朱自清〈论雅俗共赏〉》的问世。

朱自清是西南联大的名教授，课程也不少，必修课、选修课都有，还有各种讲座，汪曾祺都听过，特别是朱自清到"冬青社"的几次演讲，汪曾祺都在现场，按说印象很深，甚至也有不少交流，连"淮安人到了南阁楼修家书"这种话都说了，家乡风物、人情世故等事一定不会少讲。可不知为什么，汪曾祺没有专门写一篇关于朱自清在西南联大的文章。很多年后，沈从文在给汪曾祺的一封长信里，说起当年未毕业事，提到"罗"没给汪曾祺发毕业证书，这里的"罗"应该是指罗常培吧。因为罗常培当年准备安排汪曾祺先在西南联大教一年书，再补发毕业证书的。汪曾祺答应了，可是后来并没有安排汪曾祺在西南联大当老师，毕业证书也就遥遥无期。

穷困中的挣扎

    朱自清在西南联大的生活一直十分清贫。其实清贫和穷困是贯穿朱自清一生的。而在西南联大期间尤其艰难。战时物价飞涨、物资短缺是主要原因，另一主要原因是朱自清子女多，家又分住三地：陈竹隐在昆明住了两年后，带几个孩子住在成都；扬州老家还有几个孩子，由父母操心，母亲去世后，就由父亲管理操持；朱自清自己住在昆明，也要有些开销。如此重的担子，都落在朱自清一个人的肩上。所以，朱自清多次向学校、向朋友借款，或朋友来访无钱招待而内疚等窘事，就不奇怪了。

    1941 年 10 月 30 日，朱自清结束一年的研究休假后，回到了昆明，即正式辞去清华大学中文系主任的职务，闻一多也由代理主任而正式接任。1941 年 11 月 12 日，朱自清从居住的梨园村，迁到了龙泉镇司家营 17 号，朱自清和许维遹、何善周、浦江清同住一间宿舍。清华大学文科研究所是在这年的 7 月恢复的，冯友兰任所长，闻一多任主任，朱自清等人任研究员。这里是在乡下，离联大校舍有二十多里的路，步行需要近两个小时。冯契在《忆佩弦先生》一文中说："那时朱先生的胃病和家庭负担，都已十分重了。他把朱太太和孩子全部送到成都……自己孤零零地在昆明过着和尚一般的生活。清华文科研究所在乡下，离昆明城相当远。如果步行，得走一个半至两个小时；如果绕道去搭一段马车，可减少半小时。朱先生在西南联大有课，所以必须两面奔跑，半星期在城里，半星期在乡下研究所。"何善周在《念朱自清先生——昆明司家营生活的片段》里，也回忆了朱自清的生活行状："这是一所租来的小院子，共有三幢楼房，朱先生、浦江清先生、许维遹先生和我，四个人挤在一间侧楼上，中间大楼是图书室，也是大家公用的书房，我对面的一间侧楼，住着闻一多先生的全家。……在所里他每天早晨照例七点左右起床，起床以后便走到大门外去做柔软运动，几分钟后回来整理床铺，被子铺得平平的，上面盖好了单子，然后拿杂毛帚打扫床铺周围的墙壁，床头的箱子和床前的窗户。这些都打扫完了，再到图书馆去打扫他的书桌和书架。全都打扫完了，才洗脸漱口，然后才坐下来读书或写作。一日之中，除了三餐饭和午饭后的小睡外，很少看见他离开座位。晚上还要坐到十二点钟以后才就寝。"为了减少往返，兼顾联大的教学和学术研究，朱自清把课程相对集中，每周二下午进城，周五下午再返回司家营研究所，在城里上课期间，朱自清住在玉龙堆清华宿舍里，1942 年 9 月，又迁到北门街 71 号唐家花园，和沈从文、李继侗、陈岱孙、陈福田、钱端升等八个人住在一起。沈从文在《不毁灭的背影》里说："那间统舱式的旧楼房，一共住着八个单身教授，同是清华二十年同事老友，大家日子过得够寒碜，还是有说有笑，客人来时，间或还可享用点烟茶。"

在联大教学研究相对稳定的几年中，朱自清和其他教授们一样，生活越发的穷困了。

大约在 1942 年末和 1943 年初一段时间，联大校园广为流传一个段子，称为"联大三绝"。哪三绝呢？一是潘光旦的鹿皮背心，二是冯友兰的黄布包袱皮，三是朱自清的毡披风。但这三绝也是有区别的，鹿皮背心是珍贵的稀罕物件，不仅暖和御寒，还表示一种奢侈的气质；包袱皮没有什么奇怪的，那时的许多教授，上课带的书都用包袱皮包着书，冯友兰的包袱皮上有八卦形图案，就有些出挑了；而朱自清的毡披风，只能显示其穷困。原因是这样的，1942 年冬天，昆明遇到十年来最寒冷的天气，朱自清的旧皮袍已经穿成破烂了，实在穿不出去了，又没钱做新棉袍，怎么办？有一天，朱自清所住的司家营附近的龙头村逢集，朱自清在街上看到赶牲口的人都会披一件毡披风，便动了念头，狠狠心买了一件。有了这件毡披风，朱自清白天披在身上，晚上铺在床上当褥子，总算是挨过了一冬。何善周在《念朱自清先生——昆明司家营生活的片段》里，有更详细的描写："朱先生很爱整洁，平日出门经常穿着西服。这些衣服都是抗战前的旧装，不过平日刷得勤，破口的地方马上织补起来，穿得爱惜，表面看起来还像件衣服罢了。可是他一回到所里来，便马上把出门时的衣服脱下来换上污旧的长衫或夹袍，冬天则穿上他弟弟送给他的旧皮袍。夹袍和皮袍的纽扣都掉了，他自己缀上些破布条系着。布条长短不一，颜色也不相同，白的黑的蓝的都有。三十一年冬天，气候格外寒冷，旧皮袍不好穿着出门，既没有大衣，又没有力量缝制棉袍，他便趁龙头村的'街子'天，买了一件赶马人穿的毡披风。这种披风有两种，细毛柔软而且式样好的比较贵些。朱先生买不起，他买了那种便宜的，出门的时候披在身上，睡觉的时候还可以把它当作褥子铺着。"二弟朱物华在《昆明生活半年间》一文中说："上课时，大哥从乡间赶进城来，上好两三天课再回乡下。他进城后，和李继侗、邵循正两位教授同住一室。我有时去看他，那间房屋不大，是旧式建筑，光线较差，托我在房内多装两只电灯。屋内陈设简陋，都是从学校搬来的旧家具。若逢下雨，他那件从乡下披着赶进城的旧毡衣就挂在房外狭弄堂的壁上。"

住和穿的情况尚是如此,那么吃的呢?浦江清记述了1943年旧历除夕他们的一餐年夜饭:"上午佩弦请吃烤年糕,下午同人集合包饺子(角子)。晚饭即吃蒸饺,另菜二碟,佐以酒。又闻家送来鸡肉一碟,萝卜球一碗。此即年夜饭矣。"如果不是闻一多家送来两样菜,这个年夜饭也太寒酸了。有一次朱自清暑假回成都探亲,巧遇二十年未见的丰子恺,欣喜万分。但是因手头拮据,无力招待,只能以诗相赠。多年后,丰华瞻在文章中说:"……老友重逢,请吃一餐饭本是当然的事……朱先生穷得连一餐饭都请不起……就写了四首诗赠给父亲。"

朱自清的日记中,经常有"又借钱,愧甚"的字样。为了缓解贫困,朱自清也是想尽了办法,能卖的都卖了。1942年4月8日晚上,朱自清手头实在周转不开了,只好挟行军床至永安行寄售。朱自清估计这张行军床要卖一百二十块钱,没想到,被奸商压价,只标价六十块钱。朱自清还把寄放在北京俞平伯家的部分书籍托俞平伯变卖,所得款项再请俞平伯分次寄到扬州的家中,朱自清的日记里常有卖书、卖留声机、卖唱片、卖网球拍等记载。有一年夏天成都流行麻疹,朱自清和陈竹隐所生的三个孩子一齐病了,陈竹隐忙于照顾,加上心急,也病倒了。在昆明的朱自清得信后,非常惦念家里的情况,又没有钱买机票,正在一筹莫展的时候,朋友徐维谷说:"你拿点东西我给你卖了。"朱自清只好忍痛把心爱的一块砚台和一幅字帖卖了，朋友们又为他凑了些钱，才买票赶到家中。朱自清在《刘云波女医师》一文中也记述了此事："有一年我们的三个孩子都出疹子，两岁的小女儿转了猩红热，两个男孩子转了肺炎，那时我在昆明，内人一个人要照管这三个严重的传染病人。幸而刘医师特许小女住到她的医院里去。她尽心竭力地奔波着治他们的病，用她存着的最有效的药，那些药在当时的成都是极难得的。小女眼看着活不了，却终于在她手里活了起来，真是凭空地捡来了一条命！她知道教书匠的穷，一个钱不要我们的。后来她给我们看病吃药，也从不收一个钱。"这从另一个方面也说明朱自清家的清贫。朱自清过意不去，只能"秀才人情纸一张"，请叶圣陶写一副对子给她。

为了解决穷困，朱自清在大绿水河私立五华中学担任国文教员。一个名校的大教授去教中学语文，可见当时实在是没有挣钱的门路了。季镇淮在《回忆朱佩弦自清先生》中也惊讶地说："我请了朱先生，先生欣然答应，出我意外，我当然很高兴。著名的新文学家和教授，肯教中学国文，确是稀奇。"而朱自清的学生王瑶了解老师，"在昆明时，朱先生因为生活清苦，在五华中学兼教一班国文"。

其实不仅是朱自清，在那个年代里，许多人都为生活各显神通，都在设法兼职或从事各种工作补贴家用。闻一多因为擅金石篆刻，同人劝他挂牌治印，并由浦江清作骈体《闻一多金石润例》，朱自清在"润例"上签了名。同时签名的还有校长梅贻琦及冯友兰、潘光旦、沈从文等诸多教授。朱自清等教授因为常被昆明的许多学校或文化团体请去演讲，便和闻一多、吴晗等二十九名教授一起，联名定了个稿酬标准，标准不要钱，只要实物，也算是中国教授们的一大"杰作"了，"因近来物价高涨，论文讲演所得之报酬实质甚至微，同时精神与时间过多损失，拟自所节制，特自今日起联合订润例。标准如下：1. 文稿每千字以斗米之价值计；2. 报纸星期论文每篇以两斗米之价值计；3. 每次讲演以两斗米之价值计，讲演稿之发表另依文稿付酬；4. 稿酬先惠，定时取稿，演讲报酬亦须先惠"。

但是，这样的"润例"有时也实现不了，或被人放了空。这事偏巧又有一次落在了穷困的朱自清身上。据冯契在《忆佩弦先生》一文中说："湖南有个朋友给我写信，说要找名人代他的一个亲戚写篇寿序。我马上想到朱先生，便去求他，也希望因此对他的经济小有帮助。寿序写好了，按照共订的润例，我开了价格去，仿佛记得是八石米的市值。却不想那个朋友的亲戚竟觉得价钱太贵，回信说不要了。弄得我哭笑不得，只恨自己拿不出八石米来买这篇文章。我好没意思地跑去向朱先生表示歉意，满心准备挨一顿骂，再没料到他竟又谦逊地说：'我练习练习，这样的文章从没写过，写得不好。'"

这就是当时名教授们的生活写照。大家生活都不好过，朱自清尤甚。因为长年的操心，加上胃病和营养不良，朱自清的身体一天不如一天。1945 年 7 月 22 日，抗战胜利前夕，吴组缃来探访朱自清，一照面就吓了吴一跳："……霎时间我可愣住了。他忽然变得那样憔悴和萎弱，皮肤苍白松弛，眼睛也失了光彩，穿着白色的西裤和衬衫，格外显出了瘦削和劳倦之态。……他的眼睛可怜地眨着动着，黑珠作晦暗色，白球黄黝黝的，眼角的红肉球球凸露了出来；他在凳上正襟危坐着，一言一动都使人觉得他很吃力。"

　　就这样，朱自清的身体出现了危机。

折磨人的胃病

　　冯契在《忆佩弦先生》一文中，说到昆明司家营研究所的那段生活，有这样的文字："研究所的教授和同学，除了闻一多先生之外，合组一个伙食团。雇了个乡下人做饭，是个可爱的憨徒。人是忠诚极了，饭烧煳，菜没煮熟，也不忍责备他。有次异想天开，去田里捉了许多蚂蚱，炸了捧到饭桌上来孝敬大家。弄得每个人摇头，他还笑嘻嘻地直说，'滋味好呐好！'而忽然谣传'有吏夜抓丁'，我们这位憨徒就马上逾墙而走，常常数天甚至半个月不回来。于是一早起来，一群秀才手忙脚乱地生火，淘米，挑水，赶街子……终至于整个研究所翻身，弄得每个人垂头丧气。年轻力壮的小伙子，吃点这样的苦，算不了什么。但是一个有病而又长期过惯家庭生活像朱先生这样的中年人，怎么受得了呢？然而，他在我们当中，是最不发怨言的一个。"这里说朱自清的"病",就是长年折磨他的胃病。

翻看朱自清日记,有胃不舒服的记录最早出现在 1937 年的 2 月,到了这年的 4 月 11 日,他在日记中写道:"发烧,胃剧痛。这种剧痛曾经有过。"这次胃痛直到第二天才渐渐复原。"曾经有过"的"剧痛",可能日记中没有记录,说明那时候的胃病已经相当重了。1940 年上半年,他在给吴组缃的信中,提到了他的胃病:"我这些年担任系务,越来越腻味。去年因胃病摆脱了联大一部分系务,但还有清华的缠着。""去年"即 1939 年,数一数这年的日记中关于胃病的文字,居然多达 36 处,8 月开始严重,8 月 29 日日记的最后一句还带着一丝欣慰的口气说:"肠胃正常三日矣。"看来三天不发病,已经是属于"正常"了。而这年的 12 月,有多达 10 次的记录,而 12 月间,他还抱病办了一件重要的事——联大师范学院中文系主办的《国文月刊》和开明书店出版社签了出版、发行合同,合同起草人正是朱自清。他带着合同找开明书店在昆明的代表章锡珊,又找联大师范学院院长黄钰生签字。朱自清 1940 年的日记只记了两个月,关于胃病的出现就有 4 次。从 1941 年 2 月开始,他每天都有记载胃的情况,计 2 月里严重的有 7 天,3 月里严重的也是 7 天,4 月里是 9 天严重,11 月 6 天严重,16 天没记,12 月 8 天严重,12 天没记。而 1941 年他大部分时间在成都家中,虽然经常和叶圣陶等朋友欢聚,但大部分在家中吃饭,比起后来在西南联大的单身生活，饮食应该相对滋润多了，即使这样，发病严重的时候依然很多。到了 1942 年，他的胃部不适多达 205 天，其中 1 月和 2 月各有 23 天，5 月竟达 27 天。他在这年春夏之间 4 月 24 日写了一首诗，名为《胃疾自儆》，诗曰："孤影狰狞镜里看，摩霄意气凛冰寒。肥甘腊毒频贪味，肠胃生疡信素餐。尚赖仔肩承老幼，剩凭瘦骨拄悲欢。异时亦自堂堂地，饕餮何容蚀五官。"朱自清在当天日记里记曰："写诗费时过多。"诗中的"孤影狰狞"，指自己的病容，"镜里看"出自唐朝张谓的《送韦侍御赴上都》"别后头堪白，时时镜里看"之句。"摩霄"，接近云天或冲天之意，出自唐朝白居易《病中对病鹤》"未堪再举摩霄汉，只合相随觅稻粱"之句。"肥肝"，指肥美的食品。晋朝葛洪在《抱朴子》里云："知饮食过度之速疾病，而不能节肥肝于其口也。""腊毒"即极毒，出自《国语》里的《周语下》："高位寔疾颠，厚味是腊毒。""仔肩"，指所担负的责任。出自《诗经》，有"佛时仔肩，示我显德行"之句。这是朱自清警醒自己的诗，告诫自己，须克制自己口腹之欲，因为自己是家里的顶梁柱，一身"瘦骨"怎么能担当得起呢？但是，胃病依然没有好转，1943 年的日记记载，有 168 天是关于胃病的。1944 年是 135 天，而 11 月只记了四天，却在 1 日、8 日、13 日三天都记有胃疼。1945 年的胃病天数 118 天。1946 年是 179 天，仅 11 月就高达 25 天，只好去医院看病，但在 12 月里仍发病 23 天。算下来，在朱自清西南联大九年的日记中，关于胃病的记录高达 1100 多天。这个数字真让人心疼、心酸，就是说，他几乎有一半时间，都在饱受胃病的折磨，说好听点，是在和胃病作斗争。朱自清也没有隐瞒自己的病情，多次和朋友讲起，1941 年，在给俞平伯的信中，再次提到他的胃病："弟近来胃病大发，精力颇不如前。大约营养亦差也。肉食虽不致太缺，然已见肉心喜，思之可笑。离家半年，客中生涯亦不至太寂寞，但时思则不免耳。"1945 年 7 月 15 日在成都时致浦江清的信中也说："弟到此访客及应酬，加以演讲，甚为忙碌，不似去年清闲，胃病仍发，最以为虑。"朋友们对朱自清的病也很关心，在 1944 年暑假期间，朱自清回成都，和陈竹隐于 7 月 15 日一起看叶圣陶、张自和、金拾遗等朋友，叶圣陶在《西行日记》里说："午后二时许，佩弦夫妇偕来。三年为别，握手甚欢。佩弦胃病甚久，至今未愈，本为圆脸，今呈尖形，皮色亦苍老，鬓多白发。云在此将访问医生，希得治愈，两月之后将回昆明。仍不得长叙，未免怅然。"

朱自清热爱工作，除了教学的一丝不苟，写作和学术研究更是他的自觉行动。按照一般人的思维，身体都这么不好了，教教书，凭他多年的功底，不需要费多大力就可以应付了。而注意饮食，调理一下身体，才是重中之重。但是朱自清自强自省的品格，不允许他偷懒，抱病也要完成文学写作和学术研究。而在西南联大的几年中，虽然日子过得清贫，但仍然保持乐观主义的态度，坚信抗战一定能胜利，所有的坚持、所有的苦难都是值得的。在对待胃病上，一方面他也非常重视，在日记里经常警醒自己，聚餐吃多了，或喝酒喝多了，也会说些后悔的话，但遇到朋友邀宴，一来是面子上过不去，二来也经不住美食的诱惑，这才导致了胃病的反反复复。比如1938年7月10日，还在蒙自的时候，朱自清参加冯友兰的面条聚餐会，当天的日记说："食面过多，致胃疼服药。"15日，"参加陈序经的晚餐会，再次醉酒且呕吐"。这还是胃病严重的初期。往后的几年，胃病越发严重时期，他也会注意克制自己的饮食和饮酒，但遇到投机的酒局，依然经不住劝，还会多喝几杯，接下来就是更严重的反弹。1944年3月8日那天，友人萧叔玉即将就任中正大学校长，朱自清出席饯行晚宴，在座的有顾毓琇、陈岱孙、李继侗等人。那天喝酒可能不多吧，到了第二天，即3月9日，又要参加浦薛凤和徐绍谷的宴会，朱自清感觉那天的胃没有什么不良反应，便多喝了几杯，导致胃病再次犯了。接下来的两天，他继续"应李广田邀晚餐"，"参加绍谷宴会"，到了12日这天，一下出来他写日记时对胃病标记特别严重的三个"×"，13日，他只好在日记中提醒自己："贪吃！"就是在这样的情况下，朱自清还在坚持写作，比如1943年12月的前十七天里，他一边在和胃疼作抗争，一边仍坚持写作，从日记中可以看出：12月1日，"写完《爱国诗》一文"。2日，"修改《爱国诗》一文"，"晚开始写《文脉》一文"。3日，"写《文脉》两段。疲倦。昨夜失眠"。4日，"上午写成文章。下午到中法图书馆借书。达元邀晚饭。读《民族文学》"。5日，"开始写《译诗》一文"。6日，"继续写文章。徐君恕来访，邀余参加明日晚餐会"。7日，"文章写成。参加吴晗的餐会，菜佳"。8日，"上午准备诗的讲稿"。9日，"改学生作文"。10日"开会研究预备班问题"。11日，"在乐乡参加继侗的早餐会，馒头甚好"，"开始写《诗韵》一文"。12日，"继续写文章。夜呕吐不止，失眠"。13日，"继续写文章。胃不好，整夜呕吐，不能入睡"。14日，"仍继续写文章"。15日，"晚有轻微地震。参加今甫茶会"，"完成文章"。16日，"未进食。修改文章"。17日，"休息。整夜呕吐"。日记中的《爱国诗》，在次年2月1日《当代文艺》第2卷第1期发表时，加副标题"新诗杂话之一"，收入《新诗杂话》时，又删了副标题。《文脉》，即《谈文脉》，发表在次年4月1日出版的《国文杂志》第3卷第1期上。收入《国文教学》时，又改回《文脉》，作为《写作杂谈》的第一节。《译诗》，即《译诗——新诗杂话》，发表在次年3月1日《当代文艺》第2卷第3期上，收入《新诗杂话》时删了副标题。这段日记我每次读到时，都感到虐心般的难受，最初几天都是在用心写作，然后因为赴朋友的饭局，导致胃病复发，在"整夜呕吐"的情况下，还坚持写作，直到 17 日，实在撑不住了，才休息。而且，几天以后，即本月 22 日，因为得悉好友俞平伯在北平的汉奸报刊上发表文章，担心他"下水"，即写长信予以劝说，这又看出他对朋友是多么的真诚，心中始终有一杆正义的秤。

朱自清的日记中，类似这样的边病着边工作的记录还有多处。可能正是这样的拼命式的工作，才造成他的胃病越来越严重，并导致最后的不可逆转。

关于《重庆行记》

　　因为朱自清在暑假前安排陈竹隐带着孩子先来成都安了家，所以他在 1940 年 7 月 18 日便从昆明动身回成都过暑假了。途中从重庆路过时，待了几天。到成都之后，他在 8 月 10 日致清华大学校长梅贻琦的信时，写了关于重庆的印象："重庆市容，仍甚宏伟。虽然经三十余次轰炸，残破决不如未到时想象之甚。且市民对空袭极镇静；一般工作确不无影响，但大体精神则甚好。清在重庆勾留七日，遇轰炸一次，在南岸防空洞中听到炸弹声，真如倾盆雨下，但重庆友人见告，此犹小焉者。清自惭其陋矣！"

　　此后，朱自清又因为来开会或路过，来过几次，写了《重庆一瞥》《重庆行记》等文章。

　　《重庆一瞥》写于 1941 年 3 月 14 日。是一篇只有七百来字的小特写式的散文，是朱自清 1940 年夏天从昆明去成都时，在重庆停留时的感受。

从前，朱自清对于重庆的印象，"简直跟上海差不多"，当在重庆住了一礼拜之后，对于重庆的印象更深了：

从前许多人，连一些四川人在内，都说重庆热闹，俗气，我一向信为定论。然而不尽然。热闹，不错，这两年更其是的；俗气，可并不然。我在南岸一座山头上住了几天。朋友家有一个小廊子，和重庆市面对面儿。清早江上雾蒙蒙的，雾中隐约着重庆市的影子。重庆市南北够狭的，东西却够长的，展开来像一幅扇面上淡墨轻描的山水画。雾渐渐消了，轮廓渐渐显了，扇上面着了颜色，但也只淡淡儿的，而且阴天晴天差不了多少似的。一般所说的俗陋的洋房，隔了一衣带水却出落得这般素雅，谁知道！再说在市内，傍晚的时候我跟朋友在枣子岚垭、观音岩一带散步，电灯亮了，上上下下，一片一片的是星的海，光的海。一盏灯一个眼睛，传递着密语，像旁边没有一个人。没有人，还哪儿来的俗气？

朱自清用一向细腻的笔致，写了重庆如中国传统山水画一样的美。于是，重庆给朱自清留下了好印象。但是这样美丽的城市，中国的战时首都，依然没有躲过日寇的轰炸。在轰炸中，重庆的人民也一直没有丧失信心和希望，朱自清继续说："我坐轿子，坐洋车，坐公共汽车，看了不少的街，炸痕是有的，瓦砾场是有的，可是，我不得不吃惊了，整个的重庆市还是堂皇伟丽的！街上还是川流不息的车子和步行人，挤着挨着，一个垂头丧气的也没有。有一早上坐在黄家垭口那家宽敞的豆乳店里，街上开过几辆炮车。店里的人都起身看，沿街也聚着不少的人。这些人的眼里都充满了安慰和希望。只要有安慰和希望，怎么轰炸重庆市的景象也不会惨的。我恍然大悟了。——只看去年秋天那回大轰炸以后，曾几何时，我们的陪都不是又建设起来了吗！"

文章立意很简单，就是给国民以希望，教国民有勇气面对困难，最终会战胜日寇的。重庆给朱自清留下的印象不坏，可以说足够深了。所以朱自清在成都的繁忙中，还是挤时间写了篇"一瞥"。这一瞥意犹未尽，还让人心向往之。

所以，当1942年5月11日魏建功来通知朱自清6月中旬要到重庆开会的消息时，朱自清一口应承了。会议是教育部大一国文委员会召集的，是一个重要的学术会议。6月8日这天，朱自清还到魏建功家回访一次，一来是确认会期，便于同行，二来也是出于礼貌。6月12日这天，朱自清和魏建功一起乘飞机到达山城重庆。

会议开了好几天，朱自清也在重庆待了十几天。在会上，朱自清提出了修改标点符号案，获得通过，并被委托起草标点符号修改草案。会议期间，朱自清很受文艺界和教育界人士的欢迎，走访了不少故交，多次出席朋友的宴会，连张国焘、姚蓬子这样有争议的人物都宴请了朱自清。19日这天，朱自清更是兴致很高地应邀到沙坪坝中央大学去做了一次《文学与语文》的演讲，演讲非常成功。李长之在《杂忆佩弦先生》里说："有一天，却喜出望外地见到朱先生和魏建功先生来了。更喜出望外的，是朱先生又恢复了往日的健康，头发上一层霜也像揭走了，又是乌黑乌黑的了。他依然精神，仿佛和往日清华园的佩弦先生的面貌可以接续起来了。"从李长之的话中，不难看出，一个人的健康面貌、精神面貌，是和当时所处的环境、交谊及日常生活密切相关的。李长之接着说："中央大学是一个一向受了学术派的熏陶、白话文不很被重视的学校，我们就借机会请朱先生来一次演讲。他那流动活泼的国语，以及对于白话文的热忱，我想会给听讲的人一个有力而且有益的启发。当天晚上，有辛树帜先生请吃锅贴，这次我们又很快乐地分手了。"朱自清精神状态一好，心情也就好了，还居然在22日信笔一挥而就，写了一篇题为《写作杂谈》的文章，虽然是应卢冀野之约，但如果不是精神大爽，怕是也难于在旅行中创作吧。这篇文章的许多经验之谈，至今还让许多写作者受益很多："我的写作大体上属于朴实清新一路……我的写作大部分是理智的活动，情感和想象的成分都不多……可是我做到一件事，就是不放松文字。我的情感和想象虽然贫弱，却总尽力教文字将它们尽量表达，不留遗憾。我注意每个词的意义，每一句的安排和音节，每一段的长短和衔接处，想多少可以补救一些自己的贫弱的地方。"

朱自清在重庆开会期间，还去了三弟朱国华家一次，三弟也两次来访，还送给朱自清烟丝和点心。朱自清有诗记之："陪都两见汝，日日来相存。啖我饼饵香，馈我烟丝醇。"

1942年6月23日，重庆之行结束，朱自清乘机回到昆明。在回来的当天晚上，梅贻琦就设宴为朱自清一行接风洗尘。

朱自清再次到重庆，已经是1944年的暑假了，他到成都度夏，先乘飞机到重庆。《重庆行记》中的内容，就是那几天的观感。朱自清在"小引"中说："这回暑假到成都看看家里人和一些朋友，路过陪都，停留了四日。每天真是东游西走，几乎车不停轮，脚不停步。重庆真忙，像我这个无事的过客，在那大热天里，也不由自主地好比在旋风里转，可见那忙的程度。这倒是现代生活现代都市该有的快拍子。忙中所见，自然有限，并且模糊而不真切。但是换了地方，换了眼界，自然总觉得新鲜些，这就乘兴记下了一点儿。"

这篇文章是朱自清在成都时写的，费时近半个月，于9月

7日完成。该文分四节，分别为《飞》《热》《行》《衣》。其中一篇《热》，把当时的重庆描写得十分传神：

　　昆明虽然不见得四时皆春，可的确没有一般所谓夏天。今年直到七月初，晚上我还随时穿上衬绒袍。飞机在空中走，一直不觉得热，下了机过渡到岸上，太阳晒着，也还不觉得怎样热。在昆明听到重庆已经很热。记得两年前端午节在重庆一间屋里坐着，什么也不做，直出汗，那是一个时雨时晴的日子。想着一下机必然汗流浃背，可是过渡花了半点钟，满晒在太阳里，汗珠儿也没有沁出一个。后来知道前两天刚下了雨，天气的确清凉些，而感觉既远不如想象之甚，心里也的确清凉些。

　　滑竿沿着水边一线的泥路走，似乎随时可以滑下江去，然而毕竟上了坡。有一个坡很长，很宽，铺着大石板。来往的人很多，他们穿着各样的短衣，摇着各样的扇子，真够热闹的。片段的颜色和片段的动作混成一幅斑驳陆离的画面，像出于后期印象派之手。我赏识这幅画，可是好笑那些人，尤其是那些扇子。那些扇子似乎只是无所谓的机械地摇着，好像一些无事忙的人。当时我和那些人隔着一层扇子，和重庆也隔着一层扇子，也许是在滑竿儿上坐着，有人代为出力出汗，会那样心地清凉罢。

第二天上街一走，感觉果然不同，我分到了重庆的热了。扇子也买在手里了。穿着成套的西服在大太阳里等大汽车，等到了车，在车里挤着，实在受不住，只好脱了上装，折起挂在膀子上。有一两回勉强穿起上装站在车里，头上脸上直流汗，手帕子简直揩抹不及，眉毛上，眼镜架上常有汗偷偷地滴下。这偷偷滴下的汗最叫人担心，担心它会滴在面前坐着的太太小姐的衣服上，头脸上，就不是太太小姐，而是绅士先生，也够那个的。再说若碰到那脾气躁的人，更是吃不了兜着走。曾在北平一家戏园里见某甲无意中碰翻了一碗茶，泼些在某乙的竹布长衫上，某甲直说好话，某乙却一声不响地拿起茶壶向某甲身上倒下去。碰到这种人，怕会大闹街车，而且是越闹越热，越热越闹，非到宪兵出面不止。

　　话虽如此，幸而倒没有出什么岔儿，不过为什么偏要白白地将上装挂在膀子上，甚至还要勉强穿上呢？大概是为的绷一手儿罢。在重庆人看来，这一手其实可笑，他们的夏威夷短裤儿照样绷得起，何必要多出汗呢？这儿重庆人和我到底还隔着一个心眼儿。再就说防空洞罢，重庆的防空洞，真是大大有名。死心眼儿的以为防空洞只能防空，想不到也能防热的，我看沿街的防空洞大半开着，洞口横七竖八地安些床铺、马扎子、椅子、凳子，横七竖八地坐着、躺着各样衣着的男人、女人。在街心里走过，瞧着那懒散的样子，未免有点儿烦气。这自然是死心眼儿，但是多出汗又好烦气，我似乎倒比重庆人更感到重庆的热了。

《重庆行记》是朱自清后期散文的重要篇章，分四次在昆明的《中央日报》副刊《星期增刊》上发表。其中的《飞》，叶圣陶还作为范文，写了篇解析文章向中学生推荐，成为一时名篇。

两次为学生写歌

    1943 年 7 月 14 日，朱自清为"留美预备班"写歌词。这个班的全称是"云南省选送留美公费学生预备班"，班歌就是为这班优中选优的学生写的。张清常在《怀念佩弦老师》一文中说："有一天，朱先生问起歌曲，先词后谱怎么做，先曲后词怎么填，非常仔细。第二天一大早，朱先生就到亭子外散步去了。回来时拿了他刚刚写成的一首歌词，题为《留美预备班班歌》，问：'清常，怎么样？'我拜读之后，马上打谱，找人刻写油印，我教学生唱。天黑下来，在营火晚会上，师生围坐在篝火旁，我指挥学生唱朱先生新写的班歌，请朱先生试听。木柴劈剥劈剥地响，火光照得大家脸红红的，歌声嘹亮，在青山绿水中回荡。"班歌词曰：

昆明湖，

点苍山，

孕育我们这一班青年。

预备好，

美利坚，

乘风破浪一往无前。

心要细，

胆要大，

他山之石可以攻错。

机械化，

电气化，

最大多数最大幸福。

建设新西南，

建设新中国，

我们要建设庄严伟大的新中国！

　　朱自清是在 1943 年 7 月 4 日这天，应沈履邀请，参加云南省选送留美公费学生预备班夏令营的。沈履也是清华大学教授，兼任西南联合大学总务长，曾获美国芝加哥大学社会科学学士，威斯康星大学教育学心理学硕士，哥伦比亚大学研究生。朱自清能应邀参加这个班的夏令营，因为他是这个班的任课老师之一，早在 1943 年 1 月 8 日，朱自清就出席了云南省选送公费留美学生预备班的开学典礼的开幕式，并代表任课教授进行了一场演讲。在这次夏令营上，朱自清还作了两首旧诗，其中一首也是关于张清常的。名曰《清常见示摄影册子，辄题其后并序》，诗序曰："清常与夫人相别六载，曩夕学生聚谈会，清常陈辞感慨，四座动容。顷复以摄影册子见示，皆其夫人造像也。"诗曰：

> 新婚六稔苦相思，满座悲君感慨辞。
>
> 一夕现身闻妙法，盛年造像见幽姿。
>
> 平生欢爱肠千结，故国妻儿泪几丝。
>
> 为道春华难久住，轩车宜办莫过时。

张清常在《怀念佩弦老师》一文中也有记录："清华留美预备班举办夏令营，地点在滇池南端西侧的观音山，邀我去教唱歌。那里有座亭子，可容四人居。朱先生、朱物华师叔、马启伟和我同住了一个月，朝夕相处，我跟我这位老师真是无话不说，朱先生还写了一首七律送我，贴在我的相片本上。"这次夏令营历时较长，朱自清还在 7 月 21 日晚上出席夏令营座谈会，谈中国战后的关系。

1944 年 11 月 2 日，朱自清还写了《昆明五华中学校歌》。

歌词曰：

邈哉五华经正，

流风馀韵悠长。

问谁承前启后？

青年人当仁不让。

还我大好河山，

四千年祖国重光，

责在吾人肩上。

千里英才，荟萃一堂；

春风化雨，弦诵未央，

坚忍和爱，南方之强。

五华万寿无疆！

朱自清已经数次为学生或学校、班级写歌了。早在1923年，朱自清就为浙江省立第十中学写了校歌，后来陆续写作的歌词还有《四川邛崃县敬亭学校校歌》《清华大学第五毕业级级歌》《清华大学第十级新生级歌》《维我中华歌》《清华大学第八毕业级级歌》《清华大学第九级级歌》等，这些歌词，有的用文言，有的用白话文，都能够恰到好处地呈现出所写学校或级歌的气质和神韵。

致俞平伯的信

　　朱自清虽身在大西南，仍关心沦陷区的朋友，特别是苦居北平的好朋友俞平伯，更是时常惦记，也会把自己的病情告诉俞平伯，或把诗词寄给俞平伯看。如 1943 年 9 月 26 日，在致俞平伯的信中，报告了自己的胃病和饮食方面的情况，还调侃自己说，"见肉心喜"。

　　其时，俞平伯在北平的日子也不好过，有伪背景的大学他不愿去上课，只能在私立的中国大学找点事做，薪水微薄。为了生计，还在家里招了几个学生教，收点辛苦费。这一时期的俞平伯是个什么样的情状呢？从当时朋友和同事的文章、书信以及报刊的采访报道中，能够看出一些面貌来。1943 年 10 月《风雨谈》第 6 期，有一篇署名穆穆的文章，标题为"俞平伯先生"，文章说："第一次和俞平伯见面是我在 C 大学读书的时候，那时我是大学三年级，有他授的《清真词》，等到上课钟响了，一个很矮的个子，一身胖肉，穿着一件宽大的衫子，夹着一个已经破旧了的皮包，鼻梁上架着两片白色的眼镜，最刺眼的是刚刚在四十个年龄的头，满载着一堆白发，如果在别处见到他，我决不会想到这就是久已闻名的俞平伯先生。"从文中分析，"C大学"就是中国大学，描写的俞平伯应该是在1940年前后。作者接着又写道："俞先生的心是那么静，像他的散文一样的幽美，不多说一句费（废）话，好像脑海总在想着什么。"

1942年6月1日《万人文库》旬刊第15册上，也有一篇小文章，作者夏简，文中透露他和几个青年人去采访俞平伯时的一些细节，在形容俞平伯的外貌时，是这样说的："已经苍白了头发。中等的身材，穿着一袭薄棉袍，外面罩着蓝市布褂，下面着一双礼服呢皂鞋。两只清澈眼睛却还带着活泼的光彩，时时透过无缘白水晶眼镜，发出真诚的笑。"又说："（他）不时把滑到旁边的长袍的襟，整正过来……今天看见俞先生，我仿佛第一次看见了'文质彬彬'的人，仿佛才觉得了'文质彬彬'的意味。"从文中描写的情境来看，作者访问俞平伯时，大约在这年的年初。在问俞平伯最近是否还经常写作时，俞平伯答道："不大写。发表的地方很少。"说起家里还收有几个学生时，俞平伯说："这比较费时间。此外做一些研究的工作。"在被问到是否经常外出时，俞平伯的回答是经常外出，"不过别家不大去，只常到几家亲戚家走走"。文章中还透露，俞平伯未发表的文章还有很多，"其中考据以外还有文学、思想等方面的著作"。说到好友朱自清时，俞平伯说："好久无信了，大概生活很清苦罢。"说罢，"微微露出伤感，但仍然保持着安静的态度"。这篇文章虽然只有千把字，却透露了很多信息，今天读来，俞平伯当时的情状跃然纸上，仿佛就坐在我们面前。他说朱自清清苦，便露出伤感来，自己又何尝不清苦呢？一个名教授，只靠带几个学生度活，一周两个钟点的课也收入微薄，稿子无处发表，生活的艰难可想而知。据说，后来他家中又两度遭遇窃贼，衣物财产损失惨重，境况更为困窘，不得不将家中旧物标价售卖，当年风雅一时、往来无白丁的"古槐书屋"，一时间变成了旧货市场，俞平伯还亲自站立一旁，一边看着收货人清点原属于自己的物产——有的可能还是曾祖父俞曲园留下来的传家宝，一边记账，这种场景可以想象一下，真是够寒酸的，而看惯、用惯了这些东西的俞平伯，心情自然也极不好受甚而心酸。

夏简的这篇文章说俞平伯的作品无处发表，应该是确实的，主要是他不愿意在一些有日伪背景的杂志上发表，怕是陷阱，也怕引起别人的误解。但是，到了1943年，他又一连发表不少篇文章，并受到朱自清的批评。

这是怎么回事呢？

这还得从朱自清说起。身在昆明西南联大的朱自清，太了解周作人和俞平伯之间的关系了，周作人"落水"后，朱自清十分担心俞平伯会受周作人的影响，把他给裹进去，带来灾难性的后果。事实上朱自清因此曾给俞平伯寄过几首七律，其中一首云："思君直溯论交始，明圣湖边两少年。刻意作诗新律吕，随时结伴小游仙。桨声打彻秦淮水，浪影看浮瀛海船。等是分襟今昔异，念家山破梦成烟！"这首诗回溯当年少年时的意气，情景交融，十分动情。这种特殊时候的回忆，表达的并非文人雅士平素酬唱的一般情感，而是暗示一种心存光明、理想，不被恶环境影响和屈服的意念。还有一首就更为直白了："忽看烽燧漫天开，如鲫群贤南渡来。亲老一身娱定省，庭空三径掩莓苔。经年兀兀仍孤诣，举世茫茫有百哀。引领朔风知劲草，何当执手话沉灰！"这一首写出了朱自清能够深切地体会俞平伯苦居北京的现状：虽举世茫茫，仍能"兀兀孤诣"，如劲草般"引领朔风"。

但是，事情还是发生了一些变化。1943 年前后，北平几家有敌伪背景的《华北作家月报》《艺文杂志》《文学集刊》等杂志，陆续刊出俞平伯的几篇文章。比如《音乐悦乐同音说》，就发表在 1943 年 7 月 1 日出版的《艺文杂志》第 1 卷第 1 期上，《词曲同异浅说》发表在《华北作家月报》第 6 期上，《谈〈西厢记·哭宴〉》发表在《文学集刊》第 1 辑上，《文学集刊》的主编是周作人的学生沈启无。朱自清知道，这些杂志与周作人都有着密切的联系，俞平伯一定是赖不过老师的情面才提供稿件的。如此一来，俞平伯岂不一步步陷了进去？特别是《艺文杂志》所选文章，以读书随笔、古典文学研究笔记为主体，这是俞平伯极为擅长的文体。所以，前七期的《艺文杂志》里，发表俞平伯的文章就有六篇之多。

俞平伯后来回忆云："在敌伪时期，常有人来向我拉稿，我倒并不是为了贪图稿费，只是情面难却，便给那些不含政治色彩的文艺刊物写写稿。"而在当时，远在昆明的朱自清真替老友担心，马上千里驰书，劝说俞平伯不要再发表文章，"以搁笔为佳"。接信后，俞平伯理解老友的苦心，回信解释说"情面难却"，"偶尔敷衍而已"云云。但是，朱自清认为此事并非这么简单，1943 年 12 月 22 日他再次致信俞平伯，叙述自己在大后方的苦苦撑持："弟离家二年，天涯已惯，然亦时时不免有情也。在此只教读不管行政。然迩来风气，不在位即同下僚，时有忧谗畏讥之感，幸弟尚能看开。在此大时代中，更不应论此等小事；只埋首研读尽其在我而已。所苦时光似驶，索稿者多，为生活所迫，势须应酬，读书之暇因而不多。又根柢浅，记忆差，此则常以为恨者，加之健康渐不如前，胃疾常作，精力锐减。弟素非悲观，然亦偶尔栗栗自惧。天地不仁，仍只有尽其在我耳。前曾拟作一诗，只成二句曰：'来日大难常语耳，今宵百诵梦魂惊'，可知其心境也。"信的最后，对俞平伯前信的含糊态度，予以驳回："前函述兄为杂志作稿事，弟意仍以搁笔为佳。率直之言，千乞谅鉴。"俞平伯看到信后，受到极大的震撼，"他是急了！非见爱之深，相知之切，能如此乎？"从此，除了几篇存稿发表，俞平伯便不再给这些杂志写稿、供稿了。俞平伯便在敌伪时期的北平艰难度日，除几个亲戚家走走而外，和有敌伪背景的人或机构绝少往来，过着近似于隐居的生活，平静地等来了抗战的胜利。

反对内战

　　抗战期间，朱自清因为自身的知名度，能够和各阶层著名人士接触、交往，又能和下层民众打成一片，由此树立了自己独特的人生观和世界观，特别是在日寇投降后，对于国家的前途，更是能站在人民大众的角度去思考。

　　1945 年 8 月 10 日那天，得悉日本侵略者无条件投降的消息时，朱自清正在成都过暑假，他和周围的人一样欣喜万分，狂欢庆祝。陈竹隐在《忆佩弦》一文中回忆了朱自清那天的情形："1945 年 8 月 10 日日本帝国主义投降的消息是深夜传到我家的。佩弦很兴奋地到大街上和老百姓一起狂欢了一整夜。回来时，他带着沉重的心情对我说：'胜利了，可是千万不能起内战。不起内战，国家的经济可以恢复得快些，老百姓可以少受些罪。'"朱自清的话说得很朴实，是当时绝大多数中国人的心声。

这年的暑假，朱自清比以往任何一个暑假都要开心，也更关心学校，比往年提前了一个月返回昆明西南联大。回到学校不久，就在钱端升承示的《为国共商谈致蒋介石毛泽东两先生电》上签字。朱自清在日记中说："上午钱来访，请我等在对当前政局申述意见之电报上签名，内容谈及蒋之独裁编制。我同意签名。"在该电文上签名的还有张奚若、周炳琳、李继侗、吴之椿、陈序经、陈岱孙、汤用彤、闻一多和钱端升，都是名望一时的教授。该电文于 10 月 1 日发出，并于 10 月 17 日在《民主周刊》第 2 卷第 12 期发表，改题目为"国立西南联合大学张奚若等十教授为国共商谈致蒋介石毛泽东两先生电文"。该电文相当严厉地指责了国民党政府和蒋介石的独裁腐败统治，呼吁成立联合政府，召开国民大会，并从政治、人事、军队、惩罚伪官吏等四方面提出了改革措施。《民主周刊》发表该电文的同时，还配发了一篇有力的短评，题目更简明，《十教授致蒋毛电文》，文中对十教授加以了肯定：他们"都是以教书为业、精研笃究、卓著声誉的学者。内中没有一个是共产党员或曾是共产党员，年龄也都在四十以上，绝没有年轻气盛容易被人利用的分子在内。他们的意见应该可以说纯粹自发的，纯粹基于国家民族立场的，超出党派利害立场的意见，也就是代表了整个人民的意见"。

早在两三年前，抗日战争最艰苦时，朱自清的思想就发生了变化，当时还住在司家营，朱自清对抗战诗发生了兴趣，写了几篇关于抗战诗的研究短文。有一天，朱自清读到田间的《多一些》，诗中有这样的句子："多一颗粮食，就多一颗消灭敌人的枪弹！"朱自清很受感染，就把诗递给闻一多看，并说，好几年没看新诗，你看，新诗已经写得这样进步了！闻一多接过来读着，一只手指情不自禁地在桌子上敲出了节奏，轻声地念道：

　　　　……
　　　　要地里
　　　　长出麦子，

　　　　要地里
　　　　长出小米，

　　　　拿这些东西，
　　　　当作
　　　　持久战的武器。

　　　　（多一些！

多一些！）

多点粮食，

就多点胜利！

闻一多惊异地说，这哪是诗啊，这分明是鼓点的声音嘛！从此，朱自清和闻一多的思想有了更多的接近。

联大的课外活动特别活跃，学生自由组织各种社团，有讲老庄哲学的，有讲魏晋玄学的，还有讲陶渊明的，演讲者一般都是校内这方面有专门研究的资深教授。当然新诗社会组织各种新诗朗诵活动，朱自清、闻一多、冯至、李广田等都亲临指导过。昆明当时有"民主堡垒"之称。但民主堡垒有时也会发生激烈的争执。比如 1944 年的五四纪念会期间，联大学生照例举办文艺晚会，朱自清、闻一多、杨振声、冯至、罗常培、沈从文、李广田等七位教授登台演讲。因讲得太好，听众过多，只好从新校舍南区 10 号教室移到图书馆举行，但由于左右两派学生发生争执，致使演讲会"流产"。但学生间的争论、交锋，双方不同的政治观点，朱自清已经感受到了，同时也在影响着他的世界观。闻一多在《八年的回忆与感想》里说："联大的政治风气开始改变，应该从三十三年算起。"在这样的大趋势中，朱自清也没有置身事外，当鲁迅逝世八周年纪念会来临时，朱

1944年，西南联大中文系教授合影（左起依次为朱自清、罗庸、罗常培、闻一多、王力）

自清面对4000多名学生，发表了演说，还朗诵了田间的一首诗《自由向我们来了》。1945年的暑假，朱自清在成都时，对陈竹隐说："以后中间路线是没有的，我们总要把路看清楚，勇敢地向前走。这不是容易简单的事。我们年纪稍大的人也走得没有年轻人那么快，但是，就是走得慢，也得走，而且得赶着走。"（《忆佩弦》）

所以，当抗日战争胜利后，国内形势出现不和的苗头时，他坚决站在反对内战的阵营一边。

1945年11月25日晚上，西南联大、云南大学、中法大学和英语专科学校师生及市民五千余人，齐集联大图书馆前的"民主广场"，召开反内战时事演讲会。主持人的开幕词直指演讲会主题，"中华民族之兴废即系于目前进行之内战能否制止"，以后，几位教授轮番讲演。政治系教授钱端升以国民党党员的身份，极力强调成立联合政府的必要性，说"苟无联合政府，则内战将无法停止，老百姓将增无数之不必要之痛苦"。经济学家任启光也是国民党党员，他的讲题更加专业，"财政经济与内战关系"，他强调指出，目前中国的财政经济不适宜内战。如内战扩大，中国将失去建设现代化工业国家的机会。接着是社会学家费孝通，他的讲题是"美国与中国内战之关系"，他指出美国的对华政策实有助长中国内战之嫌。但其罪过不在美国人民，而是美国的财阀和军阀。最后是潘大逵教授的演讲，他的讲题是"如何制止内战"。就在演讲过程中，街上及四周数次响起枪声，子弹从学生们头上掠过。散会后当学生们列队散场时，军警在各路口架起了机关枪，学生只得退回学校，直到10时才散。朱自清在当晚的日记中写道："晚军警取缔学生之时事晚会，枪炮之声，时闻于耳。"

没想到此后几天，形势恶化很快，学生和当局僵持不下。1945年12月1日这天，国民党军人和特务数百人，分头用棍棒、短刀、手榴弹袭击联大、云大、联大附中等处，共有教员、学生四人被打死，打伤学生二十多人。这就是发生在昆明的一二·一惨案。

　　一二·一惨案让朱自清陷入悲痛和自责当中，同时他也进一步认清，只有停止内战，才是众望所归，只有民主，实现民主政治，才是人心所向。虽然12月2日四烈士装殓仪式他没有参加，"但肃穆静坐二小时余，谴责自我之不良习惯，悲愤不已"（《朱自清全集》第10卷）。在9日的日记中又说："至灵堂向死难者致敬，灵堂布置肃穆有序。"

　　青年人的血震撼了朱自清，他做了深深的反思，对抗战胜利后的现实极度失望。1946年2月12日他写下这样的诗句："凯歌旋踵仍据乱，极目升平杳无畔。几番雨横复风狂，破碎山河天四暗。同室操戈血漂杵，奔走惊呼交喘汗。流离琐尾历九秋，灾星到头还贯穿。异乡久客如蚁旋，敝服饥肠何日赡？……只愁日夕困心兵，孤负西山招手唤。更愁冻馁随妻子，瘦骨伶仃沦弃扇。"在日记中又毅然写下这样的话："余性格中之懦弱，必须彻底革除，此亟需决心。"

最后的告别

1946年4月3日，在久辞不允的情况下，朱自清再次担任清华大学中文系主任。冯友兰在《回忆朱佩弦先生和闻一多先生》中说："一多又同我说，他的政治上的关系，必然使学校当局增加困难，因此他愿意辞去清华中国文学系主任，专任教授。主任一职仍由佩弦担任。佩弦为人，向来是不轻然允诺的。我为这个事，又与佩弦长谈了许多次，梅月涵先生又亲身劝驾，才把这个担子又放在佩弦身上。"

1946年5月4日上午9时，是一个值得纪念的日子，在昆明西南联大图书馆前草坪上，举行毕业典礼及西南联大纪念碑揭幕典礼，梅贻琦讲话，三校代表汤用彤、蔡维藩等致词，冯友兰宣读纪念碑文。会后至后山举行揭幕仪式。至此，由北大、清华和南开组建的国立西南联合大学宣告结束。5月10

日，三校开始向平津迁移。

朱自清也开始整理东西，准备先回成都家中。1946 年 5 月
14 日这天，朱自清将不带走的书籍售与了他曾为之写了校歌的
五华中学。15 日下午，最后一次出席清华教授会会议，和李辑
祥、杨武之、汤佩松、雷海宗、赵访熊、袁复礼、陈福田等人
当选为下学年校评议会评议员。

整个西南联大，充满了告别的气氛，无论是学生，还是教
师，都知道，暑假一过，他们就要到一个新的环境去读书和教
书了。新毕业的同学，心里的感想想必是五味杂陈的，整个四
年大学期间，没有到过他们心之向往的原校读过一天书，毕业
了，母校也复员了，而他们也四散在国家的四面八方了。还没
有毕业的同学，同样心里不好受，毕竟他们的青春和西南联大
有过交集，下学期开学，要到一个新的环境了，既新奇未来，
又留恋旧校。来向朱自清告别的同学，有的求字，有的求签
名，朱自清也都爽快应允。1946 年 5 月 16 日，学生彭允中来
向朱自清告别并求字。在《朱自清先生琐记》一文中，彭允中
回忆道："朱先生要离开昆明了，为了留个纪念，我请他为我
写一张条幅裱作挂屏，他立即允诺了。我买了纸送去后，朱先
生说近两天事情忙，第三天早上才能写。第三天清晨，我赶到
朱先生宿舍去研墨。可是，条幅已经摆在那里了，是头天写好
的，朱先生自己磨的墨。我很过意不去，但也只有表示感谢罢

1946年，西南联大中文系全体师生合影（二排左起依次为浦江清、朱自清、冯友兰、闻一多、唐兰、游国恩、罗庸、许骏斋、余冠英、王力、沈从文）

了。朱先生为我写的是魏源古微堂诗句：'东行下巫峡，有霆无日月。'当时我未多思索，后来才想到，这是不是朱先生用来象征当时国民党统治区的政治环境呢？"不久之后的6月12日还有一次题字，是给来访的学生杨天堂写的，内容为："支颐啜茗忧为大，负手看花易思长。"

1946年5月18日，朱自清给南京担任《中央日报》社社长的马星野打电话，感谢他为次子朱闰生帮忙找工作。马星野1909年出生于浙江平阳一个书香门第之家，幼年即表现聪慧，1923年，马星野考入温州第十中学初中部，课余涉猎较广，文史哲各门学问和词曲戏剧等都有爱好，还被学校推为壁报和校刊的主编。当时，朱自清正好任教于温州十中，并担任马星野这一班的级任导师和国文教师。朱自清十分喜欢马星野的学习态度，对马星野的作文也十分赞赏，平时除在文章试卷上细致地加以评点外，还单独进行指导。有一次，在他的作文试卷后，引李商隐《宋玉》中的诗句"何事荆台十万家，独教宋玉擅才华"作为评语，一时在学生中广为流传。还有一件事情，就是朱自清曾在1924年春天时带着班上的学生去江北春游，马星野因家中有事请假了。朱自清到了宁波，写了一篇《白水漈》，还专门把稿子抄了一遍，寄给了马星野，让他领略江北的美景。这件事让马星野特别感动。时间很快就到了1928年，罗家伦主政清华大学时，携同事马星野北上，在清华任校长室秘书。于是昔日师生重聚，并又增加了同事之谊。马星野在清华，除担任校长室秘书，还编辑《清华校刊》，并与陶希圣等编辑《政治与民众》刊物。朱自清此时在清华大学任中文系主任兼图书馆代理馆长，二人经常相聚闲谈，如果是在路上相遇，马星野依然执弟子礼，问候寒暄之余，还会就相关问题请教师长。再后来，马星野留学美国，课余时间了解美国政治动态和民情风俗，撰文寄回国内，发表于《东方杂志》《申报》等报刊。学成回国后，应中央政治学校之聘，讲授《新闻学概论》《新闻事业经营及管理》等课。抗战军兴，马星野随中政校西迁巴渝。抗战胜利后，任南京《中央日报》社社长。朱自清次子朱闰生喜欢新闻工作，朱自清便托请马星野设法，并得到了妥善解决。这里可以多说一句，马星野一直敬佩朱自清，在朱自清逝世以后，他是第一个写悼念文章的人并和朱自清逝世的消息同时发表。同时，他也是写关于朱自清追忆文章最多的作家之一。

1946年5月24日，朱自清在昆明家中最后一次写作，是旧体诗《华年》二首和《戏赠萧庆年，叔玉长女公子也》。《华年》其一曰："明眸皓齿驻春魂，一笑能令斗室温。却忆丽沙留片影，到今赚得百思存。"其二曰："玉润珠圆出自然，称身裁剪映华年。街头两妹连肩拥，一段天真我最怜。"《戏赠萧庆年，叔玉长女公子也》诗曰："不作娇羞态，还馀烂漫风。亲人形孺慕，倒峡见辞雄。饮水羌争渴，由窗径愿通。下楼频复上，自笑百忙中。"自此以后，朱自清在西南联大的生涯中，没有再作一篇文字。

1946年5月28日晚上，朱自清赴省党部礼堂，观圭山彝族音乐舞蹈。据姜建、吴为公《朱自清年谱》说，西南联大学生暑期服务队，曾在拥有27个少数民族地区的圭山地区开展工作，他们建议当地群众把民间歌舞带入省城，这次他们带来了《跳叉》《霸王鞭》等二十多个节目。联大教授闻一多、费孝通、查良钊等担任了演出编导顾问。闻一多还在圭山歌舞的启发下，突击编写了《九歌古歌舞剧悬解》，拟在复员返京后，在北平的舞台上演出。尚土在《朱自清与闻一多》一文中说："云南夷胞阿细撒尼两族联袂来昆明表演歌舞，我约朱先生一块儿去看，先生夸赞那些舞蹈特别有力。所以他在《悼一多》诗中还说'原始人有力如虎'。因为他最清楚闻先生因为夷舞的刺激启发，再加上近代电影技术，综合歌咏及舞蹈的成果，把九歌改写成七幕歌舞剧，预报将来到北平试演。"观看这场演出，也是朱自清在西南联大参加的最后一场公开活动。

1946年6月13日，朱自清分别拜访了许维遹、林徽因、张奚若、雷海宗、杨业治、潘光旦、闻一多等同事和老友，和他们话别——因为第二天就要启程，取道重庆，回成都家中了。当时，学校已经放假，许多教授已经离开了学校，回家、旅行或走亲访友去了，留在昆明的老友，朱自清一一走访，因为从此一别，不仅不再回来，他们中的有些人，也将分赴不同的岗位了。许维遹是语言文字学家，精通训诂、版本之学，北大毕业后，任教于清华大学和西南联大，他1932年刚到清华任教员时，朱自清是中文系主任，此后一直和朱自清是同事。许维遹1944年升为教授。张奚若此时是西南联大政治学系主任，1929年就来清华政治学系任教。雷海宗是历史学家，公费留学美国，获芝加哥大学哲学博士学位，回国后曾任南京中央大学历史系教授，1932年到清华大学任教，在西南联大时和朱自清交往密切。杨业治曾是朱自清的学生，1929 年毕业于清华大学外文系，后历任清华大学、西南联合大学教授。分别在即，朱自清和他们依依不舍地作了告别。这也是朱自清在昆明最后一次见到这么多的朋友和同事。

第二天，即 1946 年 6 月 14 日，朱自清登上了飞机，晚上抵达重庆。15 日，抽空去看了老朋友章锡珊和丰子恺，于 16 日乘汽车赴成都，当晚到达内江，并就地住宿，于 17 日晚上回到成都家中。自此，朱自清的西南联大生活才算真正结束。

附 录

叶圣陶和《经典常谈》

　　叶圣陶写过三篇关于《经典常谈》的文章，分别为《读〈经典常谈〉》《介绍〈经典常谈〉》和《重印〈经典常谈〉序》，两篇文章发表于销量颇为可观的 1943 年 8 月 5 日出刊的第 66 期《中学生》，后者发表于专供教师阅读的《国文杂志》。《重印〈经典常谈〉序》则是应三联书店之约而写的，写于 1980 年 4 月 9 日，同年载于《经典常谈》上。

　　《读〈经典常谈〉》一文发表后，又被叶圣陶收在 1945 年出版的《西川集》里。叶圣陶在文章中更简明地肯定了《经典常谈》的意义，他说：中国古代的经典，"分散在潜藏在各种书籍里，让学生淘金似的去淘，也许淘不着，也许只淘着了一点儿。尤其为的是从前的书籍，在现代人看来，有许多语言文字方面的障碍；先秦古籍更有脱简错简，传抄致误，清代学者校勘的贡献虽然极大，但是否定全恢复了各书的原样，谁也不敢说定；现代学生不能也不应个个劳费精力在训诂校勘上边，是显而易见的。所以，为实质的吸收着想，可以干脆说一句，现代学生不必读从前的书。只要历史教本跟其他学生用书编撰得好，教师和帮助学生的一些人又指导得法，学生就可以一辈子不读《论语》《庄子》却能知道孔子、庄子的学说；一辈子不读《史记》《汉书》，却能明晓古代的史迹。"这是叶圣陶赞成朱自清这本《经典常谈》的理由。

关于朱自清写作这本《经典常谈》的来龙去脉，叶圣陶知道不少。早在1938年9月21日，住在昆明青云街284号的朱自清，拜访杨振声和沈从文。此时杨、沈奉教育部委托编写中小学教科书（已经近尾声），有关古代经典的普及一书，拟请朱自清编写。这次访问交谈十分成功，初定书名为《古典常谈》，朱自清第二天就动手写了一篇，这便是那篇《〈诗经〉第四》。此后又时断时续地写了数篇。如10月3日，开始写作《三〈礼〉第五》，10月17日作《〈春秋〉三传第六》，1939年2月5日作《"四书"第七》，2月13日作《〈说文解字〉第一》，3月13日作《诸子第十》，3月29日作《辞赋第十一》，4月11日作《诗第十二》，5月2日作《文第十三》，5月16日作《〈史记〉〈汉书〉第九》，这篇文章费时十天，9月29日作《〈尚书〉第三》，至此，共十三篇文章，朱自清已经写作了十一篇。朱自清之所以没有按照顺序写，可能是事先拟好了写作篇目，根据自己的兴起和熟悉程度，择篇而写的。成都学者龚明德先生发表在 2000 年第 8 期《博览群书》上的《写于成都的〈经典常谈〉》考证说，"叶圣陶 1940 年 11 月 20 日的日记所载'乘车至佩弦所，观其所作《古典常谈》稿数篇'，证实了初稿《古典常谈》的写作开手于朱自清回成都家中大体安顿好家务琐事以后的这年 11 月前后"。此说法是错误的。"这年的 11 月前后"，不是"开手"，而是全书大体定稿了。

杨振声和沈从文负责编写的中小学教科书，因抗战军兴，不适合形势，教育部已经另搭一套班子重新编写，所以并没有施行。不过朱自清的这本《经典常谈》(原《古典常谈》)，还是经杨振声之手，于 1942 年 8 月由国民图书出版社出初版，1946 年由文光书店刊行，到了 1950 年 1 月已经印了第五版。叶圣陶喜欢《经典常谈》，还推荐给好朋友王伯祥读，叶圣陶在 1943 年 6 月 26 日日记中说，"作百三号书致伯祥，附佩弦之《经典常谈》三十面，以后次第分寄之"。三十面是什么意思呢？显然不是手稿，应该是把《经典常谈》一书拆开了而"次第分寄之"。可见好书要共欣赏的。此后，叶圣陶根据自己对《经典常谈》的理解，一口气写了两篇文章，这两篇文章，为这本书的普及起了大作用。

叶圣陶在 1980 年写作《重印〈经典常谈〉序》时，已经是耄耋高龄了，朱自清已经逝世32年，看到老友的这部遗著已经成为经典，高兴之余，也百感交集，"他的声音笑貌宛若在面前，表现在字里行间的他那种嚼饭哺人的孜孜不倦的精神，使我追怀不已，痛惜他死得太早了"。在这篇新序里，叶圣陶对《经典常谈》的比方更是形象，他说："先生所说的经典，指的是我国文化遗产中用文字写记下来的东西。假如把准备接触这些文化遗产的人比作参观岩洞的游客，他就是给他们个向导，先要洞外讲说一番，让他们心中有个数，不至于进洞去感到迷糊。他可真是个好向导，自己在里边摸熟了，因而能够按真际讲话，决不说这儿是双龙戏珠，那儿是八仙过海，是某高人某仙人塑造的。求真并非猎奇的游客自然欢迎这样的好向导。"叶圣陶不愧是大师，把一本带有学术性的普及读物比喻得形象透彻。叶圣陶在这篇新序里，还提出自己的三点见解：第一是中等教育阶段，不用真读经典，直接读《经典常谈》就可以了；第二是历史教学中，也应该分担一部分经典；第三是必须有计划地跟经典接触，"阅读某些经典的全部和另外一些经典的一部分"。想到这三点意思，不能"跑到望江楼对面朱先生的寓所，跟他当面谈一谈"，叶圣陶真是"怅惘无极"啊。

2009年，中华书局出版的"跟大师谈国学"大型书系中，朱自清的《经典常谈》重新出版，叶圣陶的这篇《重印〈经典常谈〉序》，也被作为附录收入，另外一篇《读〈经典常谈〉》也被收入。该书还把朱自清的《〈唐诗三百首〉指导大概》和《〈封建论〉指导大概》作为附录也收了进去，这样，中华书局的这本新编《经典常谈》的内容就更为丰富了。

2010 年 5 月 18 日于北京

燕郊一周

1

来燕郊一周了。我在告诉朋友的微信里，说了这样的话：

正式入驻燕郊。想起俞平伯先生的《燕郊集》，这本出版于二十世纪二十年代的散文集，是先生的重要著作，集中的大部分作品写于当时地处京郊的清华大学寓所，故名。不过我的燕郊和彼燕郊并非同一地方。又想起黄裳先生的"来燕榭"，这是先生的书斋名。前人喜欢弄些"斋馆轩堂"的名号来做自己读书问学的地方，我也不妨学学他们。住在草房时，因小区里有一塘荷花，书斋曾叫"荷边小筑"。

现在，我的"燕斋"该叫什么呢？

吴小如的《莎斋笔记》里，有一辑"燕郊谈片"，我知道这里的"燕郊"是指北京西郊，亦即北大、清华一带，他晚年住在这里。书里的这组文章都是些短小的文史杂谈，挺有趣味。我的"燕郊"虽不能和他们的"燕郊"相提并论，但丝毫不影响我的阅读和思考。

我的客居之地在燕郊东环路东侧，隐藏在一条脏乱差的小巷里，有几次，工作累了的时候，或心情抑郁的时候，我会走出小巷，去东环路散散步，途中会偶遇一条狗或一只猫，那条狗像极了一头狮子，体大，圆脸，毛长，大约是有谱系的名狗，但它太脏了，身体可能也不好，我看到它的几次，它都在沉沉地睡觉，眼皮都不抬一下。那只黄色的狸猫，肚子很大，它一直在一堵墙的阴沟口找垃圾吃，对生人格外警惕，目光也惊悚而慌张。我会想到微信朋友圈里那些关于猫狗的照片，它们太幸运了，摊上了好人家，有干净而温暖的小窝，有美味可口的食物，被主人"乖乖""宝贝"地叫着。这么散漫地走着，想着，就来到了东环路上。东环路的路况还不错，只是两边的绿化不成体统，我沿着路边的人行小道散步，小道下的枯草里，会有几棵嫩绿的野菜，格外招眼，树芽也都鼓出来了，红红黄黄的，感觉和这迟来的春天一样，在蓄势待发。向北走不多远，是司法部的一家监狱。监狱的外围墙是铁艺栅栏，透过栅栏，能看到院子里返青的绿柳和高大的杨树，杨树上挂满了一穗一穗的"小猫小狗"，远处似乎还隐约看到高墙和塔楼，那里才应该是劳教犯人的地方吧。我站在栅栏外想了想，我想到了监狱里的那些人。

2

初来燕郊的第一周，就遇到了倒春寒，又连着几天冷雨，我躲在"鸿儒文轩"仓库的一间小楼上，心情颇不平静，一来从北京刚刚搬迁而来，还没有适应新的环境。这种没有适应，可能和连续阴雨、寒冷的天气有关，也可能和生疏、荒凉的地域有关。二来我还有工作在身——正在扩充、补写的这本《西南联大日月长》的小书，要在近期内完成。

说来也巧，在初来燕郊的这一周里，因为要编"吴小如文集"，翻阅了不少吴小如的书，《吴小如讲杜诗》《莎斋笔记》《旧时月色》《红楼梦影》《今昔文存》《读书丛札》《京剧老生流派综说》等，随翻随阅中，有几篇关于朱自清的文章很是吸引我，特别是在解读俞平伯《鹧鸪天》词的开头两句"良友花笺不复存，与谁重话劫灰痕"时，吴小如认为，"首二句固可指先师的亡友朱佩弦先生，但也不妨理解为新近辞世的俞师母。盖'与谁重话劫灰痕'之语，指佩弦师似不甚切；因朱先生早于1948年病逝，而'劫灰痕'云者，鄙意似应指十年浩劫为更加贴切也"。吴小如虽然不敢肯定"良友"一定是指朱自清，但这和此前多人的解读是不一样的，颇具新意。不久后，研究俞平伯的专家孙玉蓉女士给吴小如去信，证实了吴小如的解读。孙玉蓉在信中说："'良友'确实是指朱自清先生，平老视朱自清为他的'唯一知己'。'劫灰痕'则正像您所说，是指十年浩劫。"接着，孙女士提示吴小如说：

这里有一个今典，见《俞平伯书信集》第390页，平老在1983年10月26日写给儿子俞润民的信中说："日来读《通鉴十》得一名言，前阅两次未见（当面错过）！又想起朱公昔赠我三首诗的末句'何当执手话沉灰'，此句用'昆明池有劫灰'的典故，有似趁韵。枕上忽然惊觉，这不是1966年旧寓大院中都是纸灰的实况么！可谓奇矣。本非预言，却是最明确的预言，契机所感，无心偶合，出意想之外，不可思议。近来的感想，殆无一人能知之，此类似也。"平老由读《资治通鉴》联想到朱自清赠送的诗句，又联想到1966年被抄家时的情景，而朱自清当年所赠的

《怀平伯》三首的花笺也恰恰是在抄家时被焚毁的。平老思之念之无限感慨，于是便写出了这首词的首二句。

解读俞平伯《鹧鸪天》的文章有两篇，一篇是《俞平伯〈鹧鸪天〉臆说》，一篇是《俞平伯〈鹧鸪天〉补说》。我们都知道俞朱二人情感深厚，这一点，从《鹧鸪天》开首两句来看，感受更深啊。

早在 1947 年，朱自清的代表作《经典常谈》刚出版时，吴小如就写了一篇书评《读朱自清先生〈经典常谈〉》，对朱自清的文风作了切实而准确的评价，"先生一向在发扬、介绍、修正、推进我国传统文化上做功夫，虽说一点一滴、一瓶一钵，却朴实无华，极其切实。再加上一副冲淡夷旷的笔墨，往往能把顶笨重的事实或最繁复的理论，处理得异常轻盈生动，使人读了先生的文章，不惟忘倦，且可不费力地心领神会"。吴小如的这篇书评，在当年的报纸上发表后，还得到了俞平伯的夸奖，说写得平易踏实，能看出佩弦的用心。

更让人感触的是，朱自清逝世的次日，即 1948 年 8 月 13 日，吴小如就开始动笔写一篇怀念朱自清的万字长稿《读朱自清先生〈诗言志辨〉》，吴小如在 1984 年 7 月写的"笔者按"里说，这篇长稿"前后共写了五十天"，而且是带着"悲愤抑塞的心情来写这篇读书札记的"。

在朱自清逝世三十一年后的 1979 年 8 月，吴小如又写了一篇《朱佩弦先生二三事》，表达对老师的怀念。吴小如在这篇文章中，透露了几件有趣的往事。1946 年深秋的一个下午，吴小如考取了刚刚复员的清华大学中文系三年级插班生，请俞平伯写一张纸条去拜见朱自清，因为不认识，同坐一辆校车到了清华园，吴小如上前跟朱自清打听朱自清，这才惊喜地见到他心仪已久的老师。吴小如在清华时，听过朱自清的课，对朱自清严格的课堂纪律亲历亲闻，也亲眼看到朱自清的稿件和信札，是"每个字都工整清楚，一笔不苟，很少有涂改增删。一篇文章交付印厂付排，不仅字迹毫不含糊，而且无论文章行款或标点空格，都算得精准无误，这给编辑人员和印刷工人带来极大方便"。在清华和西南联大，朱自清是出了名的严格，甚至有些刻板，还因此引起一些同学的非议。但在吴小如看来，这是一个负责任的老师应有的态度，值得尊重。

3

今天，能坐在燕郊这间冷清的房间里，写一周来的心情感受，想来也是一件非常惬意的事。无论是凄厉的春寒冷雨，还是阳光下的柳绿花红，都是我们必须要经历的。因为写作《西南联大日月长》的关系，我很多时候都想着朱自清和他的文章，也在读与他相关的书籍和文章，在近几天中，我每天都会去取快递，从全国各地邮寄来的朱自清的书有十来种，《语文零拾》《语文影及其他》《新诗杂话》《经典常谈》《论雅俗共赏》《标准与尺度》《诗言志辨》等朱自清生前的自编文集，陆续来到我的案头。这些书，有的很陈旧了，有的是新印本，看着这些不知惠及过多少人的专著，我再一次心绪难平，对朱自清所处的时代和境遇，对于他所经历的磨难和艰辛，更怀深深的同情和惋惜了。

2017 年 3 月 28 日上午于燕郊张营村

主要参考书目

朱乔森编:《朱自清全集》,江苏教育出版社 1988 年陆续出版。

姜建、吴为公著:《朱自清年谱》,光明日报出版社 2011 年 11 月第一版。

关坤英著:《朱自清评传》,北京燕山出版社 1995 年 10 月第一版。

朱自清、俞平伯、叶圣陶等著:《我们的七月》,亚东图书馆 1924 年 7 月版。

曹聚仁著:《听涛室人物谭》,生活·读书·新知三联书店 2007 年 8 月第一版。

曹聚仁著:《天一阁人物谭》,生活·读书·新知三联书店 2007 年 8 月第一版。

季羡林著：《清华园日记》，外语教学与研究出版社 2009 年 12 月第一版。

柳无忌著：《柳无忌散文选——古稀话旧》，中国友谊出版公司 1984 年 9 月第一版。

俞平伯、吴晗等著，张守常编：《最完整的人格——朱自清先生哀念集》，北京出版社 1988 年 8 月第一版。

浦江清著：《清华园日记　西行日记》，生活·读书·新知三联书店 1987 年 6 月第一版。

王保生著：《沈从文评传》，重庆出版社 1995 年 11 月第一版。

吴世勇编：《沈从文年谱》，天津人民出版社 2006 年 2 月第一版。

张菊香主编：《周作人年谱》，南开大学出版社 1985 年 9 月第一版。

朱自清著：《朱自清精品选》，中国书籍出版社 2014 年 6 月第一版。

林呐、徐柏容、郑法清主编：《朱自清散文选集》，百花文艺出版社 1986 年 8 月第一版。

朱金顺编：《朱自清研究资料》，北京师范大学出版社 1981 年 8 月第一版。

商金林编：《叶圣陶年谱》，江苏教育出版社 1986 年 12 月第一版。

陈武著:《俞平伯的诗书人生》,中国书籍出版社 2015 年 1 月第一版。

常丽洁校注:《朱自清旧体诗词校注》,人民出版社 2014 年 6 月第一版。

汪曾祺著:《汪曾祺文集》,广西人民出版社 2006 年 11 月第一版。

徐强著:《汪曾祺年谱长编》,稿本。

陈福康著:《郑振铎年谱》,三晋出版社 2008 年 10 月第一版。

黄裳著:《珠还记幸》,生活·读书·新知三联书店 2006 年 4 月第一版。

梅贻琦著:《梅贻琦日记 1941—1946》,清华大学出版社 2001 年第一版。

杨天石主编:《钱玄同日记》,北京大学出版社 2014 年 8 月第一版。

林徽因著:《林徽因的信》,群言出版社 2016 年 5 月第一版。

郁达夫著:《郁达夫日记》,广陵书社 2021 年 3 月第一版。

叶圣陶著:《叶圣陶集》,江苏教育出版社 1994 年 6 月第一版。

萧公权著：《萧公权文集》，中国人民大学出版社 2014 年 6 月第一版。

曹聚仁著：《我与我的世界》，人民文学出版社 1983 年 3 月第一版。

赵家璧著：《编辑生涯忆鲁迅》，人民文学出版社 1981 年 9 月第一版。

赵家璧著：《编辑忆旧》，生活·读书·新知三联书店 1984 年 8 月第一版。

赵家璧著：《回顾与展望》，山西人民出版社 1986 年 7 月第一版。

赵家璧著：《文坛故旧录——编辑忆旧续集》，生活·读书·新知三联书店 1991 年 6 月第一版。

朱乔森编：《朱自清爱情书信手迹》，江苏教育出版社 2001 年 2 月第一版。

徐强编：《长向文坛瞻背影》，广陵书社 2018 年 10 月第一版。

周锦著：《朱自清作品评述》，台北智燕出版社 1978 年 4 月版。

张漱菡著：《胡秋原传》，湖北人民出版社 2007 年 1 月版。

中华书局编辑部编：《学林漫录》(初集)，中华书局 1980 年 6 月版。

丰子恺著：《丰子恺散文漫画精品集》，天地出版社 2018 年第一版。